La mujer con alas del siglo XXI

La mujer con alas del siglo XXI.

Descubriendo plumas de poder.

O. D. Mart

Tercera edición: Enero de 2024
ISBN: 9798858855729
Copyright © 2023 O. D. Mart
Portada y maquetado: Ricardo Delgado
Foto Cacatua azul: David Clode.
www.odmartbooks.com

La tinta que utilizamos no lleva cloro y el tipo de papel interior no lleva ácido. El papel está fabricado con un 30 % de material reciclado de residuos.

Mi más sincero agradecimiento:
«A Andrew Corentt y su equipo por ser el nítido vehículo para el crecimiento de mi alma, y cuyas enseñanzas han hecho posible que este libro viera la luz»
«A mi querida hermanita, por surcar a mi lado la más divertida travesía, que nuestras metas y sueños nos han exigido»

«¡Para ayudar al auto empoderamiento de mujeres con alas, que quieren disfrutar de una estancia feliz en este planeta, según sus propias decisiones!

¡Para aquellas, que han pensado de forma recurrente, en una vida mejor para ellas mismas, sus familias y el resto de la humanidad! »

«¡No hay barrera, cerradura ni cerrojo que puedas imponer a la libertad de mi mente»

Virginia Woolf.

Manifiesto de la mujer con alas

Una mujer con alas lleva dentro de sí 6 valores que la representan. Valores sin los cuales no podría volar, no sería ella misma.

Estos son los valores de una mujer con alas:

- **INSPIRACIÓN:** En la vida, en cada día.

- **CORAJE:** Dejando a un lado los miedos, para cumplir nuestros sueños personales y profesionales.

- **PERSEVERANCIA:** Del R que R, la firmeza y constancia que nos lleva hacia una mejor versión de nosotras mismas.

- **IDENTIDAD:** En saber quién soy y cuál es mi propósito en este camino de la vida.

- **FORTALEZA:** De espíritu, de cuerpo, de alma y de corazón.

- **INDEPENDENCIA:** Emocional, cuando yo estoy bien, todo está bien.

Porque una mujer con alas:

- Está dispuesta a servir de inspiración a otr@s, y también sabe encontrar referencias que a ella le inspiren.

- Libra todas sus batallas con el afán de superarse a sí misma y con la confianza de que, en el mejor de los casos, o ella triunfa o ella aprende.

- Es una mujer con una fuerte voluntad para ir más allá de sus propios límites, consiguiendo sus metas con criterio propio y el apoyo de otras personas.

- Lleva dentro de sí una pizca de los hombres de su vida, manteniendo su identidad intacta.

- Es fuerte por ella y por el resto de la humanidad.

- Proclama su independencia, escucha consejos y acepta cumplidos.

Índice general

Introducción

Si estás aquí es porque eres una mujer con alas, y este concepto es para ti. Si te interesa este tema es porque quieres expandirlas y volar con libertad incluso contra el viento, para conseguir tus objetivos.

Este material te ayudará a conocerte y reconocerte a ti misma. Y digo «reconocer» porque la mayoría de los aspectos que verás en ti, al final de estas páginas, ya los tenías. La diferencia será que los recordarás conscientemente, y tendrás un conjunto de pautas para potenciarlos en su raíz.

Este es un libro de luz, de paz, de conocimiento, reconocimiento, amor y alegría. Un libro de inspiración, reflexión y buenas prácticas.

Premisas

Todas las mujeres tenemos alas. Rotundamente TÚ también. Pero para volar con libertad necesitas que sean poderosas, conformadas por plumas de base sólida.

Seguramente tienes intención y experiencia en cuidar, sanar y fortalecer tus alas. De otra forma no estarías leyendo estas líneas.

Lo más probable es que estés buscando ir un poco más allá. Porque piensas que aún tienes una reserva que potenciar en tu auto crecimiento, y quieres incorporar algo más, para volar mejor, más alto o más lejos

> "Para qué quiero pies, si tengo alas para volar".
>
> *Frida Kalho*

¿Qué puedes esperar de este libro?

Lo que encontrarás en este viaje es una manera de fortalecer y potenciar **tus** plumas de poder. **Y hacerlo de forma acelerada**, para conseguir un vuelo agradable, rápido y a tu an-

tojo. Hago hincapié en acelerada, porque ese es el objetivo principal.

Sin fortalecer tus plumas de poder tu auto empoderamiento no sobreviviría. No serías la mujer que eres, y jamás te convertirías en la mujer que quieres ser.

En este libro te mostraré dos tipos de plumas de poder

Tipo I son: Las que te ayudan a mantener el equilibrio, voladoras, amplias y activas.

Tipo II son: Las de alta velocidad

Te presentaré las que pertenecen a ambos grupos. Pero me centraré en las de tipo II, porque son las que de verdad acelerarán tu desarrollo. Las que te ayudarán en tus procesos de cambio, a conseguir lo que deseas en tu interior, y a manifestar lo que te propongas en el exterior.

Te ofreceré ejemplos en contextos y situaciones que las mujeres enfrentamos cada día. Podrás inspirarte en mujeres que se hicieron a sí mismas auto empoderadas, y se abrieron paso por sus vidas cambiando las reglas. Podrás poner en marcha algunos consejos extraídos de sus experiencias, para lograr lo que te propongas.

Esta es una propuesta que te hará más fuerte. Te garantizo que cuando termines este libro tendrás una idea clara de lo que puedes trabajar para acelerar el logro de lo que deseas. Y contarás con algunas herramientas para hacerlo. Tendrás más poder sobre ti misma, serás más feliz, y más libre.

Si realizas los ejercicios y prácticas que aquí te dejo de forma sostenida en el tiempo, disfrutarás de una vida plena. Podrás hacerte cargo de tus propias decisiones con gran rapidez. Y conseguirás expandir tus alas más allá de los límites que antes veías.

Mi abuelo me decía *«Tú puedes conseguir todo lo que te propongas con solo desearlo… pero tienes que trabajar… siéntate aquí conmigo y piensa»*

A través de la comprensión de estas páginas irás reconociendo, incorporando o afianzando algunos conceptos, prácticas y hábitos. Estos te harán tener una vida mejor, según tus propios criterios.

Para conseguirlo usarás el recurso más poderoso y cercano que tienes: **TU MENTE.**

¿Lista para descubrir cómo fortalecer y potenciar tus alas?

Indicaciones sobre este libro y su uso

¿Cómo debes usar este material?

Primero revisa todo el libro. Puedes hacer lo que se llama una lectura vertical rápida. Detente en lo que está destacado, en los comentarios resaltados y las ideas fundamentales.

Cuando llegues al final cierra el libro y reflexiona en cómo te sientes ¿Sorpresa? ¿Miedo? ¿Alegría? ¿Enfado? ¿Emoción en el buen sentido? ¿Impaciencia por continuar la lectura? ¿Dudas? ¿Incredulidad?

Es importante lo que piensas y sientes antes de iniciar la lectura. Las dudas, el escepticismo y los sentimientos no positivos apuntan a tus temores a volar libre, a hacerte cargo de ti misma en algún aspecto de tu vida.

Los sentimientos de alegría, emoción y pensamientos positivos, muestran que para ti será más fácil fortalecer y po-

tenciar tus alas para volar a donde tú quieras.

No te fuerces, es importante que seas honesta contigo misma. Simplemente anota en una libreta estos sentimientos y guárdalo para ti.

Después de haberlo anotado todo deja pasar un día, o al menos una hora incluyendo un pequeño descanso donde hayas dormido al menos 15 minutos.

Reinicia la lectura en el primer capítulo. Antes de pasar al siguiente, detente una vez más para anotar lo que sientes ¿Crees que estos conceptos son para ti? ¿Crees que son para mujeres especiales? ¿Estás emocionada? ¿Qué sientes?

Lee con calma cada capítulo, preferentemente uno cada día. Deja de leer para realizar cada ejercicio. Tómate tu tiempo, evalúa y decide cuáles de ellos pueden convertirse en un hábito para ti. Reflexiona, detén la lectura y ejercita.

La información valiosa que aquí te presento te ayudará a verte de otra manera a ti misma. Los conocimientos y definiciones que encontrarás en estas páginas **deberán impactar en tu mente subconsciente**.

Puesto que este libro es una herramienta de transformación

debes leerlo lentamente. De manera que sea más fácil activar las zonas de tu cerebro, creando uniones fuertes alrededor de tu concepto sobre la libertad, la felicidad y el poder sobre ti misma.

Así conseguirás gestionar de forma más eficiente el cambio que necesitas hacer, sea grande o pequeño.

Después de terminar de leer este libro, léelo otra vez, y otra vez. Léelo tantas veces como consideres necesario, para comprender cómo funciona para ti todo lo que en él está escrito.

> **LOS CONOCIMIENTOS Y DEFINICIONES AQUÍ DESCRITOS TE AYUDARÁN A VERTE DE OTRA MANERA A TI MISMA Y A TU CRECIMIENTO.**

Propósito del libro

El propósito de este libro es **recordarte que tú debes ser feliz**. Recordarte que en ti hay una **fortaleza única** y que tiene una **amplitud sin límites**.

Este camino va a ayudarte a reconocer los fundamentos que ya tienes. Y durante ese proceso podrás dar pasos definiti-

vos hacia lo que deseas, si así lo decides, ya que ser feliz es una decisión personal.

Estas páginas te mostrarán una forma de pensar y unas prácticas, que puedes realizar, para conseguir aún más empoderamiento, un mayor poder sobre ti misma y la expansión natural ilimitada de tus alas.

> Las personas están en este mundo para ser felices, pero eso es un compromiso personal.
>
> *Naiomy Emerson*

Compromiso

Sin embargo, no podemos seguir adelante sin establecer una premisa, que más que necesaria, es imprescindible para que consigas avanzar.

Para que tú logres la libertad y la felicidad que deseas, tienes que definir un compromiso contigo misma de forma explícita.

Puede que ya lo tengas. Pero si no es así, aquí tienes ayuda:

Un primer ejercicio para el que vas a emplear un Cocimientero de uso personal e intransferible.

Un Cocimientero es una agenda, libreta, block de notas, cuaderno de apuntes o similar donde escribirás con tu puño y letra conocimientos valiosos, nuevas ideas y especialmente: **los compromisos que verdaderamente quieras establecer contigo misma.**

Los objetivos y metas que anotes en tu Cocimientero tendrán que ser materializado de una forma u otra, y tú harás todo lo que esté en tu mano para que así sea.

Ejercicio:

Compromiso 1 para tu auto empoderamiento.

Este primer ejercicio es sobre la mujer que quieres ser en relación a tu empoderamiento. Así que primeramente tómate un par de minutos para pensar en una o dos cosas que te gustaría mejorar de ti misma ¿Ser más decidida? ¿Quererte más? ¿Ser más independiente emocionalmente? ¿Ser más valiente?

Después de dos minutos de reflexión escribe de tu puño y letra:

«Yo soy una mujer empoderada y plena, dueña de mis propias decisiones, responsable de mis resultados, me conozco bien a mí misma, decido el camino que deseo seguir para conseguir el objetivo que me he propuesto. Soy constante y perseverante hasta triunfar y/o aprender. Yo soy una mujer con alas»

Lee con tranquilidad y lentamente la frase dos o tres veces.

Imagina en tu mente que eres esa mujer: ¿Cómo estás vestida? ¿Qué peinado llevas? ¿Cómo caminas? ¿Cómo te miran los que te rodean? ¿Dónde estás?

Haz correcciones a la frase con tus propias palabras. Hasta que te sientas cómoda. Hasta que estés contenta con la mujer de tu mente. Hasta que su imagen te haga sonreír, porque es lo que verdaderamente deseas.

Guarda esta frase en tu Cocimientero… más tarde volveremos a ella.

¿Por qué es importante el compromiso?

Un compromiso serio le dice a tu mente subconsciente que lo que deseas obtener es definitivo. Y al escribirlo a mano, tu mente se apoderará de la idea con mayor facilidad. Este compromiso te mantendrá trabajando en ti de forma permanente.

Muchas veces nos concentramos tanto en lo que somos, que en ocasiones llegamos a pensar que es inamovible. Este ejercicio te ayudará en el proceso de alcanzar aquello que deseas, moldeando la imagen de la mujer que deseas ser hasta convertirla en un objetivo.

Lo más probable es que a medida que te sientas más empoderada, la imagen de esta mujer cambie. Seguramente te plantearás nuevos retos a lo largo de los años. Pero siempre podrás mantener este compromiso escrito, y ser mejor cada día.

> **ESTE COMPROMISO TE MANTENDRÁ TRABAJANDO EN TI PERMANENTEMENTE A LO LARGO DE LOS AÑOS.**

1
Empezando.

1.1.   ¿Cómo, cuándo y dónde este libro te ha encontrado?

Todo lo aquí reflejado, incluyendo los ejercicios y prácticas recomendadas, tienen su fuente en mi propia experiencia. En mi trayectoria hacia el empoderamiento.

Mi experiencia viene de todo lo que me ha hecho pasar de ser una mujer maltratada o víctima de violencia de género, a ser una **mujer auto empoderada que expande sus alas**.

Quiero compartir contigo las áreas que he trabajado de mi misma. Lo que he aprendido. Las herramientas que me han funcionado. Los consejos y enseñanzas que he recibido. Las referencias que me han inspirado. Y sobre todo lo que me ha

hecho volar con total libertad.

Este material no ha llegado a ti por casualidad, sino por "causalidad". Has emprendido el camino de trabajar en ti misma por tu propio bienestar y por eso estás leyendo estas páginas.

Sé que estás en ese punto mágico donde ves a otras mujeres logrando sus objetivos, cambiando sus vidas, disfrutando de su liberta y haciendo cosas que tú también quieres hacer.

La buena noticia es que por más disparatado que sea lo que deseas, si estás viendo a otras mujeres romper sus propios límites, significa que tú eres una de ellas.

> Me pinto a mí misma, porque soy a quien mejor conozco.
>
> *Frida Kahlo.*

1.2.   Estar anclada en tierra.

Cuando no tienes la vida que deseas es como estar anclada en tierra, mientras las demás vuelan en todas direcciones.

Cuando estás anclada en tierra, literalmente una cadena te mantiene asegurada la pierna derecha con fuerza. Y sobre el ancla hay una enorme roca impidiéndote movimientos resolutivos para tu desarrollo. Cuando miras hacia arriba puedes ver a otras mujeres que pasan volando, pero no se detienen.

Te puede parecer que tus amigas, compañeras e incluso las mujeres que ves en programas de televisión también están atrapadas, ancladas en tierra sin poder conseguir lo que desean. Que todas están igual. Sin embargo eso no es verdad.

Sencillamente desde tu posición solo puedes ver esos momentos en que otras mujeres pasan volando cerca. Es un estado mental, que no te permite ver qué sucede antes o después del instante en que las ves.

Esto significa que solo eres capaz de ver a otras personas cuando están en tu mismo estado, en tu **misma vibración**.

Todas tenemos una personalidad electromagnética, estamos hechas de energía. Y en consonancia con el universo, vibramos en cierta frecuencia energética única.

Las personas con las que te identificas, las mujeres que te

encuentras en cada momento vibran en tu misma frecuencia. Quiere decir que te resultan afines, que compartes intereses, necesidades, e inquietudes con ellas a un nivel profundo del interior de tu mente.

Son personas con las que tendrías mucho de qué hablar, si un día consigues sentarte a tomar un café con ellas.

¿Por qué sucede esto?

La respuesta más simple está en las **emociones**. Las emociones generan vibraciones. Significa que si tú y yo estamos manteniendo esta conversación, es porque en un nivel profundo de consciencia nos emocionan las mismas cosas relacionadas con una, o varias áreas de nuestro desarrollo.

Si en estos momentos estás logrando algo que es importante para ti, seguramente las personas con las que te encuentras están en la misma situación. Ya que solo ves lo que estás preparada para ver. Y eso depende de tu vibración.

Por eso sé que te emociona la libertad, el éxito, trabajar en ti misma. Ser mejor persona, la independencia, el auto empoderamiento, dejar una huella en la historia o simplemente hacer un cambio positivo en tu vida. Si no fuera así, hace

muchas páginas que habrías dejado de leer.

Te prometo que volveremos a este tema más adelante. Pero la idea positiva con la que quiero que te quedes ahora, es que sí puedes alcanzar lo que te propongas. Y sí puedes elevar tu vibración.

Cuanto más creces en consciencia, más elevada es tu frecuencia energética vibratoria como ser humano, o sea, más alta es tu vibración.

La buena noticia es que hay formas de hacer y prácticas, que te ayudarán a comprender el fenómeno, y a ejercitar su efecto.

Ahora bien, a veces desde tierra, o volando a tu ritmo ves mujeres a lo lejos, muy alto. Las ves como pequeñas figuras con sus alas extendidas, **mujeres famosas, millonarias, exitosas a nivel mundial, optimistas, felices**.

No las conoces y ellas tampoco a ti. No vives en su mundo. Pero esto solo quiere decir que siempre hay una brecha que te separa de tus objetivos y deseos. La única diferencia que hay entre ellas y tú es que piensan diferente. Que les emocionan cosas que probablemente tú no conoces o que aún

no consigues ver. De modo que es imperativo que eleves tu vibración. Si quieres llegar a donde ellas están, debes cambiar tu forma de pensar sin demora.

Muchas veces crees que es injusto que ellas no te ayuden teniendo plumas majestuosas, energía desbordante y toda esa libertad. Sin embargo, no debes esperar que venga alguien a fundir las cadenas para liberarte. Eso solo te convertiría en alguien dependiente y distorsionado.

Si de verdad quieres fortalecer tu empoderamiento y romper tus límites, debes elevar tu vibración, debes cambiar por tu cuenta. Cuando te empines y decidas ser una de esas mujeres que vuelan alto y lejos, entonces recordarás que lo eres.

La prueba es que estás leyendo este libro. Lo que significa que te atrae todo lo que tiene que ver con auto superación y autodesarrollo. Que estás buscando cómo mejorar. Y que lo conseguirás.

Lo mismo te pasará con ese aspecto de tu empoderamiento que quieres trabajar. Pronto recordarás que está dentro de ti Que estás lista para desarrollarlo, y mucho más cerca de la vida que deseas.

Si eres capaz de ver las cualidades que deseas tener en otras mujeres, es porque ya las tienes.

Cuando yo sufría maltrato por parte de mi ex pareja, las pocas amigas que me quedaban, también sufrían abusos.

Ahora que soy una mujer independiente, y fuerte. Que solo mantengo relaciones con quienes me aportan, y a los que aporto valor. Mis antiguas y nuevas amigas también lo son.

> **SI DE VERDAD QUIERES FORTALECER TU EMPODERAMIENTO Y ROMPER TUS PROPIOS LÍMITES, DEBES ELEVAR TU VIBRACIÓN Y DEBES HACERLO, TRABAJANDO EN TI MISMA.**

2

Fundamentos sobre tus alas

2.1.   La felicidad.

La felicidad es el estado de ánimo que se produce cuando te sientes plenamente satisfecha por gozar de lo que deseas, o por disfrutar de algo bueno para ti.

Ser feliz es fácil. Se trata de tomar la decisión de ser feliz. Para ser la mujer fuerte que deseas ser, debes tomar la decisión de ser feliz sin importar las circunstancias.

> Quien es feliz hará felices a los demás también.
>
> *Anne Frank.*

Hazlo ahora, decide ser feliz y asocia todo lo que te ocurra

con esa felicidad. Decide que todas las sonrisas y piedras que encuentres en tu viaje son parte del camino a lo que deseas. Los obstáculos deben ser superados con alegría y los logros deben ser festejados con gozo. Entonces verás oportunidades, crecerás, serás poderosa.

Cuando lo hagas, todo formará parte de una misma cosa: tu crecimiento y desarrollo. Mientras más disfrutes de la felicidad, más feliz serás.

Ahora bien, como mujer con alas tú puedes ser feliz, tener éxito y ser libre.

¿Por qué como mujer auto empoderada es mejor que tengas éxito y que seas libre?

La respuesta es muy sencilla: para servir de ejemplo y conseguir inspirar a otras mujeres. Porque si tú hablas de libertad y de todo lo que una mujer puede hacer, otras te imitarán. Contribuirás a crear más mujeres auto empoderadas, y eso es bueno para ellas, para nosotras y para el resto de la humanidad

2.2.   El éxito

Éxito es el resultado, en especial feliz, de una empresa o acción emprendida, o de un suceso. Cosa que supone un éxito o resultado feliz.

¿Cómo definirías el éxito? ¿Qué es el éxito para ti? Cuando piensas en el éxito ¿quién te viene a la mente?

Piensa unos instantes...

Durante el 2017 estuve viajando por cuatro continentes. Aproveché para hacer estas tres preguntas fundamentales a unas 100 personas de diversas edades, clases sociales, razas, origen, religión, nivel profesional y culturas diferentes.

Una de las conclusiones que me aportaron estas personas, es que el éxito no se trata solamente de dinero. Pero el 98 % de los entrevistados coincidieron en que está muy relacionado con la felicidad en primer lugar y con la libertad en segundo lugar

Tanto, personas que viven con menos de un euro al día como los que facturan 200 millones de dólares al año están de acuerdo en que:

«Tener éxito es **conseguir lo que se desea**», cualquier COSA

que sea esto.

Cuando digo COSA me refiero a diferentes acepciones:

- Un bien material, como puede ser una vivienda, un yate, un libro, una botella de vino etc.

- Una persona, como una mentora, un marido, una amiga, el vecino.

- Un estado de ánimo como la alegría, la libertad, el entusiasmo.

- Una circunstancia, como encontrarse con alguien, una oportunidad de compra, pasar por algún sitio.

- Una condición ambiental: que este soleado, fresco, nevado.

- Una información o dato procedente de cualquier fuente: un concepto, una valoración o el resultado de un análisis que puede llegar a través de un informe, una persona, una escena de la vida, una película.

Resumiendo: En el marco de este material, COSA es algo que representa lo que deseas, lo que tienes, lo que dejas atrás y todo con lo que interactúas.

Sin embargo, muchas veces el éxito se ve con un prisma puntual. Por ejemplo si tienes éxito a nivel profesional, afecta en un sentido no positivo al éxito personal o familiar.

Esto ocurre porque en nuestras mentes, el éxito es un concepto restrictivo. Básicamente porque creemos que una persona no puede ser exitosa en todo. Así que inconscientemente elegimos un área de éxito, y luego nos conformamos con los resultados que tenemos en el resto. Incluso lo justificamos.

> El éxito es quererte a ti mismo, querer lo que haces, y querer el cómo lo haces.
>
> *Maya Angelou*

La Señora Katherine Johnson, una de las matemáticas más brillantes que ha conocido la ingeniería aeroespacial de todos los tiempos:

- Brilló como mujer en un mundo de hombres,

- Mostró con orgullo un cociente intelectual fuera de todo rango, en una sociedad temerosa de la inteligencia,

- Superó ser afroamericana en medio del tangible racismo,

- Consiguió compaginar un trabajo que demandaba todo su tiempo, conocimiento e inteligencia, con la educación de tres hijos.

- Tuvo una larga vida y disfrutó de dos matrimonios.

Sin embargo, muchas mujeres siguen pensando que esto no es una norma. Que no se puede tener todo lo que se desea. Que es algo excepcional. Una cuestión de suerte. O que hay que esperar a que alguien nos convierta en la elegida, cuando en realidad, es nuestra propia elección y de nadie más.

Por suerte creamos el concepto de LIBERTAD.

2.3.   La libertad

Libertad es la facultad o capacidad del ser humano de actuar según sus valores, criterios, razón y voluntad.

La libertad es lo que le da un sentido amplio a tu éxito, y una dimensión positiva a tu felicidad. El concepto de mujer empoderada está estrechamente ligado a la libertad para la

acción. Hago énfasis en "para la acción" porque esto incluye libertad de mente y de obra.

Tanto para ti como para cualquier mujer consciente de sus alas, la libertad es un objetivo. Ya que sabes que cuando tienes libertad haces aquello que verdaderamente disfrutas. Esas pequeñas o grandes cosas que te hacen sonreir y te permiten proyectar tu esencia.

EJERCICIO:

Tu escenario ideal de libertad.

Piensa en las áreas de tu entorno, de tu universo interno o externo donde disfrutar de la libertad que deseas.

Considera todo lo que podrías hacer si tuvieras esa libertad.

Retén esa idea en tu mente. O si quieres, mejor, escríbela en tu Cocimientero

Ahora… Relájate, respira profundamente y busca en tu mente.

Trata de encontrar un super poder de alto nivel, que te

permita crear un mundo donde eres total y absolutamente libre.

Imagínate que estás en un Ministerio de magia y hechicería, en un instituto de mutaciones genéticas o frente a un milagroso pozo de los deseos.

¿Qué super poder elegirías para ti?… Cierre los ojos y piensa…

¿Ya lo tienes?

Dime: ¿Puedes imaginar un mejor super poder que el de ser **la creadora de todos y cada uno de los aspectos de tu vida**, tu entorno, tus ideas, y en resumen de todo tu universo interno y externo?

Piensa en una cualidad, que te permita crear de forma automática, todo lo que consideres que es bueno para ti.

Pues bien, tengo una magnífica noticia: Tanto si lo haces de forma consciente como si no: ¡Tú creas todo tu universo! Literalmente estás creando tu universo mental y material ahora mismo, y constantemente.

Dejo esta idea dando vueltas en tu mente. En los próxi-

mos capítulos te explicaré cómo funciona, y cómo puedes entrenarte de forma consciente.

> **TÚ CREAS TODO TU UNIVERSO. LITERALMENTE, ESTÁS CREANDO TU UNIVERSO MENTAL Y MATERIAL… CONSTANTEMENTE.**

3

Tipos de plumas de poder.

La clasificación de tipos de plumas de poder, que se muestra en este libro, viene de la definición de las diferentes estructuras de alas que tienen las aves.

Debo admitir que he tomado un concepto real, que me ha resultado análogo, a la situación de una mujer que transita hacia la mejor versión de empoderamiento que ella misma se pueda imaginar. Y con una pizca de fantasía, he concentrado en dos grupos las áreas en las que podemos hacernos fuertes. Este es el origen de la analogía:

Tipo I: Cuando un ave tiene alas voladoras amplias y/o activas significa que son largas y angostas, que les permiten volar, sin agitar mucho las alas. Hacen que las aves mantengan el equilibrio aunque las hagan **más dependiente de las corrientes de viento** en el momento del vuelo.

Aves marinas como el albatros y la gaviota, que necesitan **recorrer largas distancias con calma** y ahorrar energía durante el vuelo, poseen este tipo de alas.

Tipo II: Cuando un ave tiene alas de alta velocidad significa que son largas y delgadas, y que permiten alcanzar **altas velocidades durante mucho tiempo**. La estructura del ala y el tipo de vuelo en este caso, le permite al ave un **ahorro energético** mientras vuela, que las hacen llegar más rápido a su destino. Las golondrinas de mar, halcones y las aves que migran, son un claro ejemplo de aves con alas de alta velocidad.

Volviendo a lo que nos ocupa. Por una parte tenemos plumas de poder voladoras, amplias y activas o de equilibrio. Con ellas avanzamos por la vida y hacemos las cosas cotidianas.

Por otra parte tenemos plumas de poder de alta velocidad. Que nos permiten conducir el cambio para alcanzar nuestros objetivos y sueños de forma rápida.

Este libro está en tus manos porque seguramente buscas algunas de estas situaciones:

- Quererte más a ti misma, sin remordimientos ni culpa.

- Entablar relaciones interpersonales de elevada vibración, con las personas que escojas tener a tu lado.

- Tener o mantener tu independencia económicamente o incluso tu libertad financiera, y sentirte orgullosa de ello.

- Gestionar de forma óptima tus emociones y mantener un equilibrio en tu salud emocional.

- Crecer, enriquecer tu vida y desarrollarte en una vmejor versión de ti misma.

- Tomar conciencia del poder creador de tu mente, tomar el control y que aparezca ante ti lo que realmente deseas.

Para vivir cualquiera de estos escenarios y/o todo lo anterior, necesitas de ambos tipos de plumas de poder, pero lo fundamental es que sean sólidas y fiables en su base.

3.1.   Las voladoras, amplias y activas

Las plumas de poder voladoras amplias y activas (de equilibrio) son necesarias para que tú tengas el control de tu vida de forma consciente y permanente.

- las plumas de poder de la **autoestima**,

- las plumas de poder de las **relaciones interpersonales**,

- las plumas de poder de la **independencia económica**, y

- las plumas de poder de la **salud emocional.**

Para elevar tu vibración en relación a tu empoderamiento debes tener una rotunda confianza en ti misma, saber relacionarte de una manera enriquecedora, hacerte cargo de tu economía y tener una excelente salud emocional.

El equilibro en tu mente en relación a estos aspectos, es lo que hace que puedas enfrentar con calma cualquier quiebre, en el curso natural de tu día a día.

Cuando hablo de quiebre me refiero a una noticia rompedora, un suceso no agradable, un imprevisto no deseado, o

una manifestación inesperada que en tu primera impresión socaba tus objetivos.

Al igual que las aves, un equilibrio en estas plumas de poder es definitivo para mantener un vuelo relajado con el menor esfuerzo. Y para resolver cualquier quiebre con el menor impacto negativo posible.

Cuando entendí esto, a penas veía mis alas. Pero supe que el único camino posible era fortalecerlas para poder desplegarlas. Así que busqué ayuda y literatura que me mostrara cómo hacer más sólidas las bases de mis plumas voladoras. Y en cuanto empecé a leer y a investigar se abrió ante mí un nuevo universo, que jamás me permitiría volver atrás.

3.2.   Las de alta velocidad

Las plumas de poder de alta velocidad son las que te harán dar el verdadero salto en tu crecimiento. Las que te impulsarán a alcanzar con mayor rapidez tus objetivos más retadores.

- las plumas de poder del **desarrollo personal y el apren-**

dizaje.

- las plumas de poder de la **creación y manifestación de la mente**.

Para alcanzar los niveles de vibración que necesitas para crecer, es imprescindible que analices y decidas las áreas de formación y aprendizaje que son claves para ti.

El conocimiento útil es el tesoro más valioso y poderoso que existe. Es energía transformadora de la realidad, pero sobre todo, de la mente.

El conocimiento sobre una materia desencadena en ti un poder, que no es más que la **seguridad arraigada en aquello de lo que tú eres capaz**. Y cuando sabes que ese conocimiento/poder existe en ti, eres imparable.

Lo que necesitas en materia de conocimiento puede venir de cualquier parte. Las mujeres como tú dan saltos de crecimiento gracias a esto todos los días. Cuando se hacen ingenieras, médicos, electricistas, especialistas en ciencias políticas o terminan cualquier otra carrera técnica, universitaria o curso de formación formal o informal, el salto de la mente es inevitable y por fuerza la vida también cambia.

Yo me arreglo las uñas con una mujer increíble, que siempre está buscando la manera de crecer. Hace poco decidió hacer un curso de depilación con hilo. Ésta es una técnica de gran precisión que implica el uso de un hilo de algodón largo y trenzado. Con él se arranca de raíz incluso el pelo más fino situado alrededor de las cejas, consiguiendo una excepcional definición de las mismas.

Después de adquirir el conocimiento técnico necesario durante tres días en un curso de formación profesional, mi esteticista regresó a su negocio, y les ofreció a sus clientas de confianza diseñar sus cejas gratis, mientras la dejaban practicar.

Al cabo de un par de meses parecía que hubiera estado haciendo depilación con hilo toda su vida. Y en consecuencia, se duplicó su facturación, como por arte de magia del conocimiento.

> **EL CONOCIMIENTO SOBRE UNA MATERIA DESENCADENA EN TI, EL PODER DE LA SEGURIDAD ARRAIGADA EN AQUELLO DE LO QUE TÚ ERES CAPAZ.**

Es un ejemplo sencillo, pero la mayoría de las veces lo que necesitas es poner toda la intención en un proceso de aprendizaje en concreto. Que puede ser simple pero profundamente efectivo.

Tú debes aprovechar el aprendizaje para conseguir tener más libertad, mayor independencia y más empoderamiento. Y si quieres hacerlo rápidamente, necesitas el conocimiento de otras personas para reforzar tus propias bases.

El saber más relevante es el de **cómo transformar tu vida de forma definitiva**.

Cuando no tienes la vida que quieres y estás decidida a hacer algo al respecto, aparece una vocecita en tu interior, que te impulsa a buscar soluciones, para crear y manifestar la vida que te gustaría tener.

Estoy segura de que sabes de lo que hablo porque estás aquí. Como también es muy probable que hayas oído hablar de la ley de la atracción, la ley de la creación, la ley de vibración o las corrientes más recientes, que está poniendo la ciencia en manos de la persona de a pié. Todo para explicar por qué unas tienen éxito y otras no.

Existen diferentes enfoques y planteamientos, pero hay un factor en lo que todos coinciden y es el siguiente:

> **"TODO LO MATERIAL QUE TE RODEA, INCLUYÉNDOTE A TI MISMA, ESTÁ RELACIONADO DIRECTAMENTE CON TUS PENSAMIENTOS"**

O lo que es lo mismo: lo que vives tiene que ver tanto con lo que piensas, como con tu forma de pensar.

Ya sea por el poder de la creación, o por los actuales estudios de cualquiera de las leyes mencionadas anteriormente, lo que sí está claro, es que la mente debe ser entrenada para conseguir lo que se desea.

4

Las plumas de poder de la autoestima

Es seguro, que en algunas ocasiones te has dado cuenta de que la persona más importante de tu vida no eres tú.

Esto sucede porque desde que somos niñas nos han enseñado que debemos centrarnos en los demás. Somos las que por definición nos encargamos de los hijos, atendemos a nuestros maridos, respaldamos a nuestros hermanos, cuidamos a nuestros padres al envejecer, y estamos siempre presentes cuando las cosas se complican.

En un sentido esto es bueno para la formación de la base de nuestras alas. Porque nos hace nobles, nos humaniza. Nos convierte en personas dispuestas a prestar ayuda con un alto grado de solidaridad, que nos define.

Sin embargo en un sentido más profundo afecta a la base

de nuestras alas. En especial, cuando socialmente el criterio de nuestra evaluación descansa en lo que hacemos por los demás, en detrimento de lo que hacemos por nosotras mismas.

Porque ¿Qué pasa cuando intentas ayudar a los demás sin estar segura de ti misma, sin confiar en tus capacidades, y sin profesarte el amor que te mereces?

Sucede que dedicas todas tus fuerzas a hacer un sacrificio, que nunca tiene la suficiente recompensa para ti.

Y esa es la raíz de un círculo vicioso, donde estás enfocada en lo externo a ti y sus reacciones no positivas. Es cuando percibes que las personas no te consideran, te explotan, abusan de ti, te dan la espalda cuando las necesitas o no tienes suerte.

> Nadie puede hacerte sentir inferior sin tu consentimiento.
>
> *Eleanor Roosevelt.*

Sin embargo, siempre conoces, mucho o poco, a otras mujeres a las que todo lo que les pasa es bueno. La diferencia es que están centradas en trabajar en ellas mismas. Miran

en su interior para crecer. Y utilizan el exterior para medir su propio desarrollo y la proyección de su satisfacción. Si tú eres una de ellas, estarás afirmando con la cabeza.

Todo empieza con una fuerte autoestima. Esta es la clave de las plumas de poder del equilibrio. Es lo más importante para iniciar el trabajo en ti misma. Es el primer giro para mirar dentro de ti, y es donde siempre regresarás cuando las cosas no salgan como tú quieres.

Al terminar de leer este material sabrás que la clave al enfrentar un plan, una decisión, una proyección o un camino a seguir será preguntarte **¿Cuál es el mejor escenario para mí?**

La autoestima es el aprecio o la consideración que una tiene sobre sí misma. Ampliado, es el conjunto de percepciones, pensamientos, evaluaciones, sentimientos y tendencias de comportamientos dirigidos hacia nosotras mismas, nuestra manera de ser, y los rasgos de nuestro cuerpo y nuestro carácter. En resumen: es la evaluación perceptiva sobre nuestro ser.

Una fuerte autoestima la componen tres elementos fundamentales:

- Amor por ti

- Seguridad en tus criterios y pensamientos

- Confianza en tus capacidades

4.1. ¿Qué significa amarte a ti misma?

Existen tantas definiciones de amor que es prácticamente imposible aportar algo que no se haya dicho ya. Sin embargo me gustaría que repasaras el siguiente concepto, porque implica un cambio de filosofía y tiene que ver contigo:

Amor es la capacidad y la buena disposición de permitirte elegir para ti misma, sin dejar que otros te insistan en que hagas lo que a ellos les satisfaga o les guste.

Puede que estés empezando a entender este punto de vista, o que hayas avanzado en su comprensión. Incluso, es posible que lo hayas asimilado por completo. Pero en cualquier caso sabes, en lo más profundo de tu corazón, que un paso

en esta dirección es el cambio que a la larga, hará que los demás te amen a ti.

Seguridad en tus criterios y pensamientos

La seguridad es la sensación de total confianza que se tiene en algo o alguien.

La seguridad en tus criterios es cuando internamente y con serenidad sabes que tus pensamientos y convicciones no pueden ser diferentes. Significa que son conclusiones meditadas con fundamentos sólidos lejos del análisis superficial de un hecho.

La seguridad está íntimamente relacionada con la ausencia de miedo y de riesgo. Por lo que es necesario afianzar tus opiniones con diferentes puntos de vista e interpretaciones, buscando en tu interior certezas, información y conocimientos para que tengas clara tu propia dirección. Para que al enfrentarte a la opinión de alguien más, tu postura salga fortalecida.

Es el proceso de tomar conciencia profunda de tus pareceres internos.

Cuando estás segura de tus pensamientos y criterios, dentro de ti hay un gigantesco SI, que se proyecta más allá de tu propio cuerpo. Todo el mundo puede verlo cuando te expresas.

Confianza en tus capacidades

La confianza es la esperanza firme que una persona tiene en que algo suceda, sea o funcione de una forma determinada.

Seguridad en tus capacidades, especialmente al emprender una acción difícil o comprometida, se expresa en la certeza de que las habilidades, la experiencia, el conocimiento y la información adquiridos, darán una respuesta efectiva a la problemática o proyecto que tienes ante ti.

¿Qué pienso de mi misma?

En ocasiones nos cuesta reconocer que tenemos áreas de mejora, que pueden suponer un gran cambio positivo en nuestras vidas.

Esto suele suceder porque repetimos frases de liberación

e independencia socialmente aceptadas, sin asociarlas a la imagen mental de lo que verdaderamente queremos.

Por ejemplo nos decimos «Yo tengo tiempo para mi, porque me lo merezco». Sin embargo, en nuestras mentes nos vemos levantándonos a las cuatro de la madrugada para adelantar el trabajo que debemos hacer en casa, y así disfrutar de dos horas con las amigas. En lugar de ver a nuestro marido y nuestros hijos arrimando el hombro, para que obtener lo que queremos no conlleve sacrificar nuestras horas de sueño.

Es por eso que hacer una autoevaluación de la autoestima es más fácil, con una práctica que esboza efectos ante una situación concreta.

Ejercicio:

Mi opinión sobre mí misma.

Deja de leer, cierra los ojos y piensa en la última vez que alguien te hizo un cumplido, elogio, piropo, o gesto amable resaltando alguna de tus cualidades.

Vamos, cierra los ojos durante unos segundos.

Recuerda tu reacción, los gestos, expresiones no ver-

bales, pensamientos, palabras que dijiste etcétera. Recuerda que no estás juzgando a tu interlocutor. En este caso solo observas tu propio comportamiento.

¿Cómo fue tu reacción al elogio?

¿Te has justificado? ¿Has intentado cargar con el mérito a otra persona o situación? ¿Lo has negado? ¿Has hecho un gesto de desaprobación o de fastidio? ¿Has pensado en posibles segundas intenciones por parte de tu interlocutor? ¿Te has enfadado? ¿Has dudado?

Estas expresiones o similares dejan ver mucho más sobre la opinión que tienes de ti misma, que la que pueda tener tu interlocutor. Y en este caso significa que no estás segura de ti, que no tienes confianza en tus capacidades y que no te has estado queriendo todo lo que te mereces.

Ahora bien: ¿Te ha sorprendido gratamente? ¿Has sonreído? ¿Has dado las gracias? ¿Has devuelto el elogio o has formulado uno en particular para tu interlocutor? ¿Has abrazado, besado o realizado otro tipo de contacto físico de agradecimiento?

Todas estas muestras de afecto significan que te sientes merecedora de esas buenas opiniones que los demás pueden tener de ti. Y además, que las compartes.

Satisfacción sexual

La atención sexual que te dedicas es un indicador claro del amor que te profesas. Es el acto donde coincide la opinión que tienes sobre tu cuerpo físico, tu mente, tu espíritu y tu alma.

Desde tiempos inmemoriales la satisfacción sexual de la mujer ha estado condicionada al disfrute de su pareja.

Sin embargo hoy en día eso ha cambiado considerablemente, y una mujer con alas suele ocuparse de su propio placer sexual con o sin compañía.

Tradicionalmente lo hace sin compañía porque es la mejor manera de explorarse íntimamente. Y por la garantía de satisfacción que supone. Pero últimamente también lo hace porque la energía sexual es una de las más poderosas que existe. Se sabe, que bien canalizada puede ayudar a alcanzar objetivos concretos.

Aunque coloquialmente con nuestras parejas existe el acuerdo no escrito de que en la intimidad se puede hacer cualquier cosa que ambas partes toleren. La verdad es que en nuestro interior a veces nos limitamos y terminamos no expresando la plenitud de nuestra sexualidad en compañía.

Cuando en tu soledad estimulas tu cuerpo suele ser fácil. Tu instinto y las reacciones de tus sentidos te dicen qué hacer y cómo. Todo lo que experimentas te hace completamente feliz. Tu cuerpo es perfecto, tus pensamientos vuelan libres, tu divinidad es incuestionable, y tu poder es absoluto.

Pero ¿qué pasa cuando estás con tu pareja habitual u ocasional?

Ejercicio:

Mi satisfacción sexual.

Coge una hoja de papel y piensa en lo que te gusta hacer para alcanzar una plena satisfacción sexual cuando lo haces contigo misma.

Anota todo lo que se te ocurra incluyendo detalles relacionados con las diferentes formas de hacer lo que te gusta, así como tus puntos y zonas erógenas.

También incluye lo que te gustaría disfrutar porque te llame la atención o te parezca placentero.

Cuando hayas terminado coloca una estrella sobre cada uno de los puntos del listado que sueles disfrutar tanto estando sola como con otra persona.

¿Todos los puntos tienen estrellas?

Si la respuesta es SI, es evidente que amas tu ser en su sentido más amplio y consigues entregarlo tal cual a otros, con seguridad y confianza.

Si la respuesta es NO, avanzando en este material encontrarás buenas prácticas, que puedes poner en marcha para disfrutar de tu vida sexual, a través del fortalecimiento de tu autoestima.

4.2.   ¿Cómo fortalecer la autoestima?

Saber si tienes una fuerte autoestima es relativamente fácil para ti. Eres una mujer con alas y cuando el amor por ti, la seguridad en tus criterios y la confianza en tus capacidades no son óptimos, sientes incomodidad contigo misma.

Aparecen las ganas de rehacer lo hecho y vienen a tus pensamientos los típicos "debía". Me refiero a "debía haber dicho" "debía haber hecho" "debía haber pensado en".

Ya sé que por más que lo intentas no consigues hacer retroceder el tiempo, para cambiar tu decisión. Sin embargo, sí que puedes prepararte para que las cosas sucedan como quieres la próxima vez

Aquí te dejo algunas prácticas que me han servido a mí, y que espero te ayuden a quererte más, tener autoconfianza, dejar de dudar al tomar decisiones y tomar la iniciativa con más frecuencia.

Recuerda que no hace falta que hagas muchos ejercicios o que pongas en práctica todo lo que encuentres. Lo más importante es que ejercites lo que funcione para ti de forma sistemática y sostenido en el tiempo.

Perdónate.

Para fortalecer la base de tus plumas de poder de la autoestima es imprescindible que te perdones a ti misma. Y que

dejes de asociar los errores que cometes, con la evaluación que haces de tu persona.

Cuando enfrentas un reto o asumes un proyecto, éste puede terminar en éxito o no, pero el resultado no define tu valía. Eres tan humana como el resto de las personas, a las que perdonas con tanta facilidad.

Debes entender que las cosas pueden no resultar como esperas y que de todos modos tú tienes valores, fortalezas, conocimientos y habilidades, que te hacen la mujer fuerte que eres.

Eres valiosa en ti misma, independientemente de los sucesos puntuales que te ocurren. Eres importante para ti y debes tratarte con cariño.

Si te cuesta ver tu valor cuando se produce el no éxito en tu vida puedes hacer lo siguiente:

Ejercicio:

Registro de logros.

Crea un registro de logros en tu Cocimientero.

Como son cosas que ya has conseguido es perfecto para tu libro sagrado.

Escribe de tu puño y letra todos los éxitos de tu vida profesional o personal que recuerdes. Verás que mientras más éxitos escribas, más de ellos aparecerán.

Reconoce para ti misma los méritos que te hicieron conseguir esos logros, lo que aprendiste y las cosas buenas que te aportaron

Lo único que debes hacer es leer este listado de vez en cuando, y añadir otros logros con tus méritos asociados.

De esta manera te concentrarás en tu verdadera valía. Y serás capaz de enfrentar nuevos proyectos focalizada en lo que te hará conseguir el éxito.

Anteponte a todo el mundo

Priorizarnos como mujeres muchas veces cuesta. Pporque siempre estamos pensando en los hijos, los padres, los maridos, el resto de la familia y la humanidad.

Si esto suele pasarte puedes hacer acciones concretas en contra de tus hábitos actuales. El secreto, una vez más está, en

que deben ser sistemáticos y debes mantenerlo en el tiempo. Por ejemplo:

- Cómprate algo que te guste, y que solo sea para que tú lo disfrutes, por ejemplo una pieza de ropa. No puedes prestarlo ni regalarlo. Mantente firme y quédatelo porque te lo mereces.

- Repasa nuevas formas de reaccionar a los intentos de personas que quieren llegar a ti con frases de afecto o amor. Acepta las palabras hermosas sobre ti, con un "Muchas gracias" o cualquier otro gesto de agradecimiento.

- Expresa tu verdadero amor, si existe alguien por quien lo sientes. Y reconoce tu valentía por haberte atrevido a correr el riesgo.

- Después de un día de mucho trabajo, incluso si te quedan cosas por hacer, haz un alto y da un paseo, practica deporte, come algo que realmente te guste o toma una siesta reconfortante. Mientras lo haces piensa solo en ti y en que mereces un respiro.

- Escoge dos horas de un día cualquiera, aunque estés

ocupada, y corta toda comunicación. No mires el teléfono, no conteste emails, ni te enganches en las redes sociales. Simplemente escucha a tu corazón, a tu mente y piensa en lo que deseas para tu futuro.

Corrige lo que te dices de ti misma.

Proponte que desde hoy y para siempre cuando hables de ti, y/o contigo vas a hacerlo en un sentido positivo. Para eso debes estar atenta a tus pensamientos y a tus palabras.

La expresión popular está enfocada en lo que no eres, o lo que no quieres. Pero como seguramente sabes la mente no acepta el NO, porque cuando le dices a tu mente que no piense en un platano, ella te presenta la imagen de la fruta.

Por tanto, cuando pienses y hables de ti concéntrate en lo que eres y lo que quieres, y deshecha el tratamiento despiadado e intransigente al que a veces solemos aferramos.

Es tan fácil como el refuerzo del "Yo soy". Significa que si estás pensando o hablando de ti asegúrate de que deseas asociar los sustantivos y adjetivos que estás pronunciando, con lo que eres o lo que quieres.

No es lo mismo decir:

«El informe me ha quedado fatal», que «Este informe no está bien»

O «Estoy horrible» que «No estoy todo lo hermosa que me gustaría»

Y si uno de esos días no te encuentras nada bien, siempre puedes añadir «pronto estaré mejor»

Sé amable contigo, porque es lo único que verdaderamente tienes. Tu ser es importante y te mereces lo mejor que tú como mujer puedas producir.

Esta es una técnica muy poderosa cuando se convierte en un hábito. Puedes avanzar mucho en tu vida solamente cambiando la forma de expresarte sobre ti en tu mente.

Si quieres sistematizarlo escribe en un papel las frases no positivas que te sueles decir, pero en sentido agradable. Por ejemplo: Cada día estoy más bonita por las mañanas.

Esta expresión te hará pensar en cómo te gustaría estar y te hará ver algún aspecto de tu rostro que en efecto es hermoso, además de animarte a trabajar en los demás.

Prioriza tu satisfacción sexual

Para ocuparte en un sentido amplio de tu sexualidad, como hemos visto anteriormente, primero debes tener claro aquello de lo que disfrutas.

El acto sexual es uno de las más grandes expresiones de amor que puedes conseguir para ti, porque implica un pico máximo de placer que pocas otras cosas te hacen sentir.

El placer es una situación que se produce cuando todo lo que te rodea se va desvaneciendo hasta que solo quedan: el portador del placer, el disfrute elevado, y tú.

Todo el mundo quiere sentirlo, y en el caso de la culminación sexual se convierte en una emoción profunda, una gran alegría o la felicidad más pura que tu ser te puede obsequiar.

Así que el primer paso es explorar tu cuerpo y aprender a amarlo tal como es, porque si tú no amas tu físico, ¿Por qué lo iba a hacer alguien más?

Debes hacer los cambios que necesites para que tu físico te guste, realzando tus zonas con potencial. En la mayoría de las casos un poco de deporte, un nuevo corte de pelo y una

pizca de maquillaje te dan un look nuevo que puede llegar a satisfacerte.

Pero lo más importante es aprender a amar tu belleza, y para eso debes llenarte de argumentos que fortalezcan esa premisa.

En mi caso, al principio, me refugié en el exotismo. Al ser diferente a todos en los grupos y círculos en los que me movía no tenía que obedecer a ningún estándar. Así que me desvinculé de los típicos cánones de belleza y conseguí la libertad de ver mi propia hermosura.

Cuando estás contenta con tu físico es más fácil explorarte, imaginar que puedes estar con quien quieras, y excitarte al pensar en conseguirlo.

Debes saber con antelación lo que te gusta a nivel sexual, porque si lo piensas bien, el orgasmo es tu propio mérito. Y cuando estás sola es como descubrir el camino que llega a él.

Aunque el portador del placer sea otra persona, el disfrute te pertenece y debes conocerlo a profundidad para luego compartirlo.

Por otra parte, el orgasmo es un regalo que inyecta bienestar, endorfinas. Pero sobre todo aporta magnetismo a todo tu ser, haciéndolo brillar.

En resumen:

- Haz cambios en tu físico que te satisfagan. Si lo ves oportuno consulta a un asesor o asesora.

- Encuentra argumentos de tu físico que te resulten atractivos y apóyate en ellos

- Explora tu cuerpo y tus sentidos de forma consciente y hazte responsable de tus orgasmos.

- Comparte lo que te gusta con quien quieras vivir tu disfrute.

Éstas prácticas pueden provocar un gran impacto positivo en tu autoestima. Si te digo la verdad el solo hecho de que estés leyendo estas páginas ya lo ha hecho.

Ser consciente de ti y de lo que necesitas, poco a poco ganará terreno en tu mente y así tu amor por ti misma crecerá. Apreciarás en su justa medida a tu propio ser y, al mismo tiempo, dejarás de necesitar la aprobación de los demás.

PARA VOLAR CON LIBERTAD SE NECESITAN
ALAS PODEROSAS CONFORMADAS POR
PLUMAS DE BASE SÓLIDA.

5

Las plumas de poder de la gestión de las relaciones interpersonales

Las relaciones interpersonales son claves para una mujer con alas. Porque en los diferentes roles que jugamos con la familia, y en todos los ámbitos de nuestra vida estamos interactuando constantemente con otras personas.

Puede que te sorprenda pero estoy completamente segura de que a todos los niveles, la salud de esas relaciones interpersonales depende de ti.

5.1.   Tipos de relaciones en tu entorno

En mi propio camino hacia el empoderamiento he vivido diferentes tipos de relaciones, y he tenido que escoger cómo

tratarlas y decidir si mantenerlas o no, para preservar mi esencia.

Seguramente a ti te ha pasado lo mismo, y reconoces algunas de las que describo a continuación:

Las tóxicas: Relaciones desconcertantes, donde priman los reproches, desacreditaciones, incoherencias, increpaciones, acusaciones y la falta de respeto. Con intercambios agresivos tanto verbales como gestuales. A veces violentos.

Se caracterizan porque cualquier conversación o comunicación termina en alteración física, emocional y/o psicológica por una o ambas partes. Aunque muchas veces no comprendes la causa.

Si en estos momentos tienes relaciones de este tipo debes alejarte lo más rápido posible, y mi recomendación es que busques ayuda profesional.

Éstas son relaciones que te ahogan hasta apagarte por completo. Hasta que no consigues ver tus alas. Y lo que es peor, llegas a pensar que no te las mereces.

Estas peligrosas relaciones suelen estar en tu vida cuando tu autoestima no está todo lo fuerte que debería. Crees que

corres un gran riesgo si te alejas de las personas con quienes mantienes relaciones tóxicas. Pero lo que sientes, es solo la ilusión de dependencia que implica alargarlas en el tiempo.

En mi caso conseguí entender, que **mi esencia era más valiosa que cualquier cosa que pudiera perder al alejarme de la relación tóxica que mantenía**. Así que decidí salvarla, y gracias a tres mujeres especialistas en violencia de género conseguí recomponer mis alas, para ser una versión más fuerte de mi misma.

Las nocivas y/o dependientes: Estas son relaciones vampiras de energía. Se basan en el victimismo, el chantaje emocional, la condescendencia, el paternalismo, la negatividad, el pesimismo, el desconsuelo, la manipulación y la tristeza.

Te mantienen atada por la culpa y la pre culpa. Pre culpa es cuando te preocupas y sufres antes de que nada haya sucedido aún. Están enlazadas a ti muchas veces por la necesidad de aprobación que puedas tener.

Si bien es cierto que existe la posibilidad de que alguna de estas relaciones se establezca sobre la base de la mala fe, la mayoría no lo es.

Simplemente, se fue gestando así porque en gran medida tú lo has permitido. Porque te ofreces a solventar problemas de otros, o no haces una contrapropuesta cuando alguien te pide algo.

Son relaciones que te derivan una responsabilidad que en realidad no es tuya. Y cuando esto sucede de forma puntual, normalmente eres lo bastante fuerte como para corregirlo de inmediato. Pero si se convierte en tu forma de relacionarte con alguien, llega el momento en que no tienes energía para respirar.

Tanto las relaciones tóxicas como las nocivas deben ser enfrentadas por ti, sin importar con quien las tengas, si quieres aligerar tu vuelo.

La buena noticia es que hay otros tipos de relaciones, bastante más sanas, que puedes cultivar con cierta facilidad. Porque tienen una mayor relación con tu filosofía de vida.

Las que aportan valor: Estas relaciones se establecen cuando en igualdad de condiciones tú aportas y te aportan valor en tu día a día. Las tienes con personas con las que tu vida es más fácil y feliz. En las que te sientes cómoda y confías, relaciones en las que te encuentras en equilibrio.

Las enriquecedoras: Estas relaciones no solo aportan valor, sino que lo hacen en el sentido de tu crecimiento y desarrollo personal o profesional. Por ejemplo cuando tienes un buen socio, o contratas a alguien que abona tus proyectos

Relaciones que **te permiten investigar, superarte y crecer** . Como cuando das una charla, educas, compartes con tus amigas temas que les interesa a todas. O tu jefe te da la oportunidad de hacer un trabajo retador que te permite ampliar tus conocimientos.

El factor común es que aprendes exponiendo tus ideas, intercambiando con otros, investigando, y llenándote de sabiduría.

5.2.   ¿Cómo es mi relación con los demás?

Al enfrentar tus relaciones, debes hacerlo desde el amor por ti. Siendo fiel contigo misma antes de buscar satisfacer a alguien más. Este es el camino para convertirte en una mujer que construye diariamente sus sueños.

Es cierto que con los allegados y la familia muchas veces no

es fácil ser firme, decir que no, o priorizarte. Especialmente con los hijos, parejas, padres, o hermanos.

Pero está en tus manos decidir, armarte de argumentos, respirar hondo y entender que cada quien tiene una vida. Y no es posible vivir la vida de nadie. Entender especialmente que cada quien es responsable de su propio universo, de su propio entorno y de su propia proyección.

Tú y solo tú puedes decidir cómo quieres relacionarte con las personas de tu entorno. A continuación te dejo las prácticas que a mí me han funcionado para deshacerme de relaciones tóxicas, nocivas y dependientes. E incrementar relaciones de valor y enriquecedoras.

Prácticas:

Primero debes cerrar los ojos y escuchar a tu corazón para determinar cuáles de las relaciones que tienes son de verdad importantes para ti.

Te darás cuenta de que no son muchas, porque no estás incluyendo a tus treinta compañeros de trabajo, o los cuarenta vecinos, a los veinte padres de los compañeros del colegio de tu hijo o a los quinientos amigos de Facebook o Insta-

gram. **Esta vez no se trata de pensar en lo que ellos necesitan, si no en lo que necesitas tú.**

Para vivir la vida que quieres solamente debes contar con tu propia aprobación. La opinión de los demás puede ser muy valiosa y debes tenerla en cuenta. Pero no es bueno que anule tu propio criterio.

Las personas pueden decir que sin ti no son nada. Seguramente ya habrás comprobado que no es así. Porque cuando por lo que sea tú no estás, todo se hace igual o mejor, y la vida sigue.

Solo hay una persona que sin ti no es nada, y esa persona eres tú. De modo que cuando hayas repasado tus relaciones importantes, revisa de qué tipo son.

Si son nocivas:

- Recuerda quién eres, qué quieres y fortalece tu autoestima.

- Anuncia a todas las personas importantes de tu entorno que estás trabajando en ti misma, y que harás algunos cambios para conseguir ciertos objetivos. Pídeles comprensión y apoyo.

- En cada caso puntual toma tu decisión haciendo prevalecer lo que deseas. Explicale a la otra persona por qué la nueva forma que planteas es ventajosa para ambas partes. Tu propuesta debe darte más tiempo y hacerte conservar tu energía. Mientras que la otra persona gana conocimiento o aprendizaje, nuevas experiencias, independencia etc.

- Di que no, siempre que no quieras hacer algo.

Si notas que negarte no te hace sentir bien, piensa en la persona y sus capacidades. Imagínala feliz resolviendo el problema por su cuenta y/u ofrécele una alternativa en la que tú no estés involucrada. Una que puede ayudarla a conseguir lo que quiere por ella misma.

- Refrena los impulsos que tengas de resolver los problemas de los demás, y antes pregúntate si hay una forma diferente en la que puedes ayudar. O si es del todo necesario que intervengas.

- Desvincula tu valía de la opinión que los demás puedan tener de ti. Fortalece tu criterio con argumentos. Recuerda que lo que los demás dicen de ti, tiene más que ver con ellos, que contigo.

- Comprende y acepta que siempre hay personas que no te comprenderán. Seguramente te pasa lo mismo con otros. No es tan importante caerle bien a todo el mundo.

- Siéntete segura de tu posición con tus propios argumentos. Así evitarás discusiones, justificaciones, la búsqueda continua de respaldo o aprobación a tu desempeño. O secundar a ciegas la opinión de otros, especialmente cuando no estés de acuerdo.

- Estudia, analiza y emplea la comunicación asertiva sin poner en riesgo tu propia opinión.

Si te aportan valor o son enriquecedoras:

- Agradece cada aporte que te hagan.

- Alaga cada una de sus cualidades.

- Comparte todo lo que consideres que puede ayudarle a crecer, o que simplemente necesite.

- Discúlpate si te equivocas, si cometes un error o si, sin querer, le haces daño.

- Regálale todo lo que creas que le hará feliz, en condición de equilibrio para ambos.

Siempre que interactúas con alguien que es importante para ti, puedes apalancarte en el firme compromiso interno de hacer solo aquello con lo que tú te sientas cómoda. Como se dice vulgarmente «Haz silencio y escucha tus tripas». Significa que puedes medirlo escuchando tus pensamientos y tu reacción interna.

Las opciones son las siguientes

- Puedes dar sin esperar nada a cambio de verdad (**con total y completa honestidad**)

  Esto significa que hacer felices a los demás es suficiente para ti. Pero sin que tus pensamientos te atormenten, sin que tu corazón esté a la espera de algo gratificante, o se revuelvan tus intestinos. Y especialmente, sin sentir ecos de arrepentimiento. **Simplemente das lo que quieres dar, vives la felicidad que eso te produce, y luego lo olvidas.**

- Puedes establecer una relación de intercambio:

  Cuando no te sientes cómoda ofreciendo algo porque crees que mereces un retorno, entonces **sugiere o solicita algo a cambio, de forma clara, que restablezca tu**

paz interior. Si no lo haces, no sería coherente quejarte.

No pasa nada por dar este paso hacia el equilibrio. Y no importa si es tu jefe, tu hijo, tu socia, tu padre o tu mejor amiga. Debes hacerte cargo de la salud de tus relaciones. Olvídate de tu incomodidad. Expresa cuál es la situación que te hará sentir más a gusto, respetando a la otra persona, y cierra el trato.

Al principio tendrás que ser fuerte y corregir tu comportamiento conscientemente, pero en un corto período de tiempo lo harás sin esfuerzo.

Si das mucho a tu pareja, y piensas que no tienes un adecuado retorno, una vez más debes **pensar en el mejor escenario para ti**. Si es una relación de valor o enriquecedora, te será muy fácil sentirte cómoda ajustando el intercambio, y haciéndole un planteamiento claro, con lo que quieres.

Puede que pienses que la relación con tu hija o hijo queda fuera de este esquema, sin embargo es todo lo contrario. Una excelente relación con tu hijo depende de que seas fiel a este esquema y a ti misma.

Como madre no solo debes amar y proteger a tus hijos, sino también educarlos y respetarlos. Que crezcan sanos y fuertes es tu responsabilidad, y **los niños crecen así cuando sus madres están bien**.

Cuando haces un viaje en avión, antes del despegue, el personal de abordo trasmite a los viajeros las normas básicas en caso de irregularidad en el vuelo.

Explican que cuando hay descomprensión en la cabina, y caen las mascarillas de oxigeno, tú debes ponerte la mascarilla primero y después ponérsela al niño.

Esto puede ser chocante para muchas de nosotras. En nuestras mentes y nuestro instinto está dar la vida por ellos. Sin embargo, para que él o ella se salven tú tienes que salvarte.

Tus hijos crecen bajo tus alas, bajo tu ejemplo, y aprenderán a amarse a ellos mismos, si tú te amas a ti. Si te proteges, si te respetas y si entablas con ellos relaciones de valor y enriquecedoras

Cuando elimines del todo las relaciones toxicas, conviertas las nocivas en relaciones que aportan valor o enriquecedoras y cultives estas últimas, verás que eres otra persona.

Sonreirás y te darás cuenta de que esa sonrisa se refleja en tu entorno.

Te sentirás plena. Albergarás felicidad para compartir. Y podrás repartir el amor que tienes para dar, desde la tranquilidad de tu alma.

> No temo a las tormentas pues estoy aprendiendo a navegar mi bote.
>
> *Louisa May Alcott.*

6

Las plumas de poder de la independencia económica.

En la sociedad en la que vivimos, basada en transacciones monetarias, es inconcebible ser una mujer con alas sin prestar atención a la economía. Y sobre todo, sin gestionarla en tu favor.

Expandir esta pluma de poder en su máxima expresión significa llegar a una independencia económica total, donde el dinero que ganas es independiente de tu trabajo activo.

O lo que es lo mismo: es conseguir cubrir todos tus gastos manteniendo tu estilo de vida, e incrementando tu tiempo libre, mientras sistemas que has creado, trabajan para ti. Esto es conocido como libertad financiera.

6.1.   Escalones de la independencia económica

Para entender el camino a una completa independencia económica, he desglosado tres escalones que debes salvar para conseguir volar todo lo alto que te propongas.

La independencia económica en su sentido más básico se entiende como la autosuficiencia de una persona para enfrentar sus gastos. La premisa es la de conseguir los ingresos necesarios por tu propio esfuerzo.

¿Qué pasa cuando obtienes tus ingresos de un tercero, que es quien realiza el trabajo?

Lo normal es que se genere un compromiso que te impide decidir el destino de inversión o gasto de ese dinero. Tendrás que transigir en cuanto a la disposición del mismo, y poco a poco se extenderá a otras áreas de tu vida socavando tu libertad.

Tener el control de tu economía es vital para conseguir más empoderamiento y fortalecer tus alas.

Como seguramente sabes existen diferentes formas de obtener ingresos. Puedes hacerlo trabajando para ti misma o

haciéndola para alguien más.

Ingresos por	Cuenta ajena	Cuenta propia		
Tipo	Empleo	Autónoma	Autónoma	Sistema Empresarial
Puesto	Empleada	Especialista	Experta	Empresaria
Ingreso	Salario	Tarifa por horas	Valor por conocimientos	Facturación
Ejemplo de ingreso	1200€ brutos/mes	300€/ hora	1000€/ Charla	5000€ al mes

Cuando decides hacerlo a través de una empresa, que tú no has fundado, recibes un salario como empleada vinculado a una jornada laboral.

Mientras que por cuenta propia puedes cobrar una tarifa por tu tiempo como trabajadora autónoma. Un valor monetario según tus conocimientos como experta trabajadora independiente, o una facturación por los ingresos de tu sistema empresarial.

Cualquiera de estas modalidades te dota del dinero que pue-

des disponer con libertad. Y es el **primer escalón básico** para fortalecer la raíz de esta pluma de poder. Puede resultar evidente, pero sin este peldaño no es posible llegar a los otros dos.

Estarás de acuerdo conmigo en que el escenario más favorable para ti es cuando **tus ingresos mensuales son mayores que tus gastos**. Porque te permite ahorrar y gestionar el excedente o lo que no gastas.

Y es aquí donde empieza tu **independencia económica de concepto**.

> 3. Independencia económica de sistema
> 2. Independencia económica de concepto
> 1. Independencia económica básica

Sin importar lo que la sociedad, las instituciones gubernamentales y especialmente la banca digan este es tu primer objetivo:

«Conseguir que tus ingresos sean superiores a tus gastos y que quede un excedente que puedas gestionar libremente».

A esto se le llama tener un **flujo de caja positivo o favorable**.

> La independencia es felicidad.
>
> *Susan B. Anthony.*

Tú eres una mujer con alas que consigue todo lo que se propone. De modo que tanto si tu meta es que te quede una cantidad extra cada mes o solamente cubrir tus gastos, lo conseguirás. El excedente es importante porque es el que te llevará al siguiente escalón. Aquí como en todo, tú decides.

En cualquier caso la responsabilidad de tus finanzas es tuya. Y debes incorporar los conceptos y conocimientos necesarios para mantenerla sana y hacerla crecer, porque tu propósito en este viaje es la libertad.

Por tanto, para mejorar en esta, como hiciste con tantas otras cosas, debes fijarte en qué se concentran las personas que tienen lo que tú quieres para ti.

Lo primero en este caso es aferrarte a nuevos métodos y hacerlos propios. Porque si hasta ahora has hecho lo que todo el mundo hace, seguramente has conseguido lo que todo el mundo consigue. Si esto no acaba de convencerte, quizás es

hora de cambiar.

Hacer un análisis real de los gastos e ingresos mensuales y definir presupuesto a respetar:

Únicamente lo que es medible se puede mejorar. Por eso tienes que tomar la temperatura real a tu situación financiera.

- Para saber cuánto gastas realmente no lo hagas utilizando la memoria. Busca los extractos de todas tus cuentas, apunta todos tus gastos y/o lleva un control de todas las facturas o recibos que te lleguen durante un mes o dos si son irregulares. Estas pruebas te ayudarán a ser objetiva.

- En el caso de los ingresos registra tanto los regulares como los que no. Los extras y las ayudas familiares o de otra índole también deben ser contemplados. No te dejes nada por registrar si quieres tener una foto verdadera de tus posibilidades. Entiende que no hay beneficio alguno en engañarte a ti misma.

- Cuando estimes gastos hazlo al alza (por ejemplo si calculas que gastarás 105€ fíjalo en 110€) y cuando es-

times ingresos fíjalos a la baja (Si tu previsión es de 1250€, asume que serán 1200€). Estos cálculos fijarán un patrón en tu mente de gastar menos de lo que esperas e ingresar más de lo previsto.

- Crea un presupuesto con todo lo que realmente necesitas para mantener tu estilo de vida con saldo para imprevistos, ayudas a la caridad o a organizaciones sin fines de lucro. Para vivir sin preocupaciones cada mes.

Determinar si puedes reducir gastos y/o aumentar los ingresos.

Cuando te hablo de reducir gastos, me refiero a acciones temporales en pro de incrementar ingresos futuros. Si tienes que escoger, es preferible aumentar los ingresos. Esto proyecta tu mente, incrementa sanamente tu creatividad e incita a la acción hacia tu propio desarrollo.

Esta es una reflexión que tendrás que hacer si tus ingresos no cubren tus gastos, o no tienes el excedente que necesitas para tus acciones futuras.

Cancelar deudas mensuales recurrentes.

Las deudas que generan los préstamos de cualquier índole son cuantías que debes ir pagando mes a mes por un valor superior (un % de interés) a la cuantía que solicitaste.

Estos préstamos son el cáncer de tu economía personal y cuando los cancelas por completo es como si los extirparas. Entonces queda disponible para ti el dinero con el que tú hacías financieramente independiente al banco, una empresa o un usurero.

Al inicio debes emplear una parte de los ingresos extras para cancelar tus deudas recurrentes, así conseguirás que tu saldo extra mensual aumente para ocuparte de tu siguiente paso: La inversión. La otra parte la usarás para ahorrar. Debes ahorrar siempre aunque tengas deudas.

Diferenciar entre gasto e inversión:

Tener una claridad entre lo que es un gasto y una inversión es fundamental para que consigas la libertad financiera, de tiempo y movimiento que deseas.

Haces un gasto cuando adquieres un bien de consumo o un servicio y también cuando pagas impuestos. En lenguaje coloquial es dinero que se va a enriquecer a otros y vuelve en forma de producto o servicio. Ejemplo: Un teléfono móvil o celular, una cafetera, un seguro médico, la seguridad social, el impuesto de valor añadido (IVA), o una casa donde vivirás.

Haces una inversión cuando desde el inicio planificas que con ese dinero tendrás un retorno igual o superior a la cantidad que has invertido. Es un retorno que no solamente volverá a ti sino que lo hará multiplicado, según tu plan. Ejemplo: Acciones de mercado de una empresa, cuentas o fondos de inversión de renta fija, una franquicia con personal completo, una casa para vender por un precio mayor, o poner en alquiler.

6.2. De la independencia económica estricta a la libertad financiera ampliada.

Existen dos formas para conseguir una libertad financiera ampliada **partiendo de la independencia económica de**

concepto.

Categorías	Dueña de negocio	Inversionista		
Activos	Empresas comerciales	Acciones o bonos	Inmuebles	Materias primas
Ingresos Recurrentes	Facturación mensual o anual	Normal-mente No	Renta por alquiler	No
Ingresos Puntuales	En el momento de la venta	En el momento de la venta	En el momento de la venta	En el momento de la venta
Ejemplo de Activos	Franquicia MacDonald	Acciones de Empresas en Bolsa: Telefónica	Un hotel, un local o una casa	Oro, plata, petróleo, gas

En ambos casos dispones de un sistema compuesto por personas, tecnología, dinero y otros recursos trabajando para ti.

Si eres dueña de un negocio, significa que has invertido en una empresa que tiene personal especializado mucho más

cualificado que tú (Desde la gerente hasta el recepcionista). La facturación de este negocio te pertenece después de pagar gastos e impuestos. O sea tienes un sistema empresarial trabajando para ti.

Si eres inversionista, significa que has destinado recursos a adquirir propiedades, para una venta o alquiler posterior cuyas ganancias te servirán para realizar otras inversiones (El dinero trabajando para ti).

En ambos casos los resultados recurrentes o puntuales de la venta o alquiler de esas propiedades son **ingresos pasivos** que no dependen de tu actividad personal.

El objetivo aquí es que:

Tus ingresos pasivos cubran el 100 % de tus gastos mensuales

Cuando esto ocurre tienes **independencia económica de sistema**. Entonces eres completamente libre para emplear la totalidad de tu tiempo, tu excedente de ingresos, y tu mente, a lo que estimes conveniente.

Te puede parecer que todo esto es muy grande. Puedes pensar que hay muchas variables y conocimientos en juego que

ahora mismo no consigues procesar. Pero te aseguro que te sorprenderás con las sencillas prácticas que te propongo más adelante.

Con ellas conseguirás lo más importante: **un cambio de mentalidad que te motivará a profundizar** en estos temas si así lo decides. También, algunas formas de hacer, que te ayudarán con los primeros pasos.

La idea fundamental es que necesitas educación financiera extra para surcar esta travesía hasta el final.

Comprender el sistema es como saber las reglas de un juego en el que decides participar. Si no sabes cómo se juega, las probabilidades de ganar no son muy favorables para ti.

El aprendizaje de más valía aquí **para fortalecer la pluma de poder de la independencia económica** está relacionado con los **principios que debes respetar para gestionar de forma óptima tus finanzas**. Además de las **habilidades para generar ingresos extras**.

A continuación, te dejo algunas prácticas que a mí me han ayudado, y que espero te sean de utilidad:

Prácticas:

- Distinguir entre deuda mala y deuda buena.

  La deuda mala se refiere a la que se deriva de la compra de un capricho o bien de consumo propio que no has planificado vender o que no te reporte beneficios en el momento de su venta. Ejemplo: Un automóvil o coche (pagos mensuales o letras), casa donde vives (hipoteca), tarjetas de crédito (mensualidades). La deuda mala más común son las de tarjetas de crédito o préstamo que deberás pagar con altos intereses y cuyo único respaldo de pago es tu salario habitual.

  La deuda buena es la que se contrae cuando compras un activo con el que has planeado tener un ingreso mientras lo alquilas o cuando lo vendes. Ejemplo: Una casa que pondrás en alquiler, acciones de una empresa, u otras inversiones. Son deudas que tienen respaldo.

- En caso de endeudamiento puedes tomar conciencia de la situación y ayudarte con algunas acciones como:

  - Eliminar la deuda mala lo antes posible. Si tienes ahorros o reservas puedes usarlos para estos, con el compromiso de reponer la reserva cuanto antes.

- Contraer deudas solamente para realizar inversiones.

- Cubrir los montantes de tus tarjetas de crédito durante el mes para evitar los intereses por morosidad.

■ Si necesitas generar ingresos extras para iniciar el proceso estas son algunas ideas:

- Vende lo que ya no necesites. Tómate tu tiempo para seleccionar y hacer presentable aquellas cosas que ya no usas y que pueden servirle a otros. Aunque el valor sea bajo, tendrás doble beneficio ganando algo de dinero y deshaciéndote de lo antiguo.

  Puedes auxiliarte de las múltiples Apps digitales que ahora existen o hacer un rastrillo en tu barrio.

- Revisa tus capacidades y habilidades para hacer una actividad extra que no te lleve mucho tiempo y que puedas hacer fuera de tu horario laboral, por un tiempo limitado. Debes poner en marcha tu creatividad. Aquí hay muchos ejemplos: Cualquier servicio digital, clases de salsa, limpieza de

locales, conferencias online, corrección y/o traducción de textos, mensajería, taxi, clases de idiomas. Y un largo etcétera.

Una vez más debes prestar atención a las plataformas y herramientas digitales que existen en la actualidad a nivel mundial para trabajos freelancers o por horas.

- Cuando elimines el cargo mensual de una tarjeta o un préstamo, usa ese dinero para cancelar otra de las deudas que te quedan. Por ejemplo si terminas de pagar una tarjeta de crédito que cargaba en tu cuenta 60€ al mes, pero aún te queda otra por la que pagas 50€, une ambos valores y cancela las cuotas mensuales de la tarjeta pendiente por valor de 110€, así te quitarás la segunda con mayor rapidez.

Cuando quise crear mi primer excedente para salir de la quiebra e invertir en lo que consideraba importante, adopté estos principios y también hice muchas de las actividades que he descrito incluyendo limpiar casas de manera puntual.

Pero si te digo la verdad, no creo que el dinero extra fuera lo que me hizo cambiar. Lo hizo mi disposición para hacer

cualquier cosa digna, y conseguir una situación diferente. El compromiso de educarme financieramente que me dotó de las ventajas necesarias y me hizo cambiar la visión de mi propio estado financiero.

- Si ya te has liberado de toda la deuda mala, entonces guarda el monto total que antes pagabas por tus deudas para futuras inversiones.

- Revisa con tu banco tu evaluación crediticia, para saber cuánto podrías tomar en préstamos para inversiones futuras y recuerda que la primera inversión que debes hacer es en ti. En adquirir conocimientos, destrezas y habilidades que te permitan ver lo que ahora no puedes.

- Págate a ti primero: De cada monto que cobres de tu sueldo o de otras fuentes separa una cantidad (Puede ser un % de todo lo que recibas. Un 2 % por ejemplo). Esto puedes guardarlo en tres alcancías diferentes:

  - Una para ahorrar, que depositarás en una cuenta de ahorro segura a final de mes. Éste será tu fondo de emergencias

- Una para caridad, para ayudar a otros o para una causa propia de beneficencia. Este dinero lo entregarás a la organización benéfica que escojas a final de mes.

- Una para invertir, que depositarás en una cuenta de ahorro de inversiones, que no debes tocar hasta que no estés lista para adquirir tus primeros activos. Estos euros, dólares, pesos mexicanos etc, en tu mente deben ser como empleados altamente cualificados, que pondrás a trabajar para ti.

■ Infórmate, fórmate y entrénate en el área de inversión que te guste. Donde te sientas más cómoda. Ya sea por tu formación básica o por tu tradición familiar. La razón no es importante, lo que importa es que encaje contigo o que te atraiga como actividad.

■ Aplica los conocimientos adquiridos sin demora. En cuanto sientas un mínimo de seguridad ponte en marcha. El momento perfecto es cuando tienes algo de conocimiento, y estás llena de emoción y entusiasmo. Con una clara imagen mental de lo que deseas obtener con tus inversiones.

Pronto tomarás el control de tu economía, eliminando la deuda mala y adoptando un paradigma nuevo que te permita ahorrar, ayudar a otros e invertir directamente en tu propia libertad. Entonces sin saber muy bien cómo, empezarás a desarrollarte en todos los ámbitos de tu vida, y tus alas tendrán dimensiones que nunca antes habías visto.

> **Si quieres independencia económica debes aprender las reglas del juego, debes adquirir educación financiera.**

7

Las plumas de poder de la salud emocional.

La gestión emocional es la capacidad para manejar las emociones de forma apropiada. *Se trata de tomar conciencia de la relación que existe entre la* **cognición***, el* **comportamiento** *y la* **emoción***.*

7.1.   Bases de tu gestión emocional

La cognición es la facultad que tienes para procesar información a partir de tu percepción, el conocimiento que has adquirido y las características subjetivas que te hacen valorar una cosa o hecho. Esto no es más que **formarte un criterio sobre un suceso**.

La primera información llega a tu mente a través de la cognición. Al procesarla se genera un resultado, que se convierte en emoción, y esta desencadena un comportamiento que depende más de tu estado emocional, que de la cognición.

Por eso todo es hermoso cuando estás enamorada. Por eso no tienes ganas de nada los días lluviosos, si no te gustan. Y por eso el mundo puede derrumbarse sin importante, ese día que consigues tus sueños.

Significa que tu comportamiento depende de tu gestión emocional. Y que debes mantener el equilibrio en ella constantemente para que la información que te llegue, independientemente del tipo que sea, te permita ser un poco más flexible. Y en consecuencia tomar decisiones y comportarte de forma comedida.

Por eso cuando alguien sobre reacciona, las personas que le rodean tienden a llamarle a la cordura aconsejando no actuar por impulso, pensar bien las cosas o calmarse antes de actuar.

Gestionando la culpa, la pre culpa y la preocupación.

Para explicarlo mejor aquí te dejo un ejemplo:

Hace unos días una de las mujeres más fuertes que conozco me llamó llorando porque, según ella, no conseguía gestionar su tiempo.

Había empezado un máster mientras trabajaba, algo con lo que había soñado por muchos meses. Pero le estaba costando encajar las horas que esta nueva actividad le exigía en su rutina.

El motivo de la llamada era que un familiar le había solicitado un favor que demandaba mucho de la atención de mi amiga. Una favor que destrozaba el plan de estudios que ella había previsto. Y que no respetar su situación, como en numerosas ocasiones solía hacer.

El motivo de las lágrimas era que no sabía cómo cambiar el hecho de que ese familiar no respetara su tiempo o sus necesidades. Y por tanto se sentía frustrada, deprimida, estresada y en plena catarsis.

Cuando le pregunté donde estaba, me explicó que volvía de hacer el "favor" porque no quería ser la responsable de que

algo malo pasara.

Entonces entendí que el problema no era el master, ni el familiar, ni el favor. El problema era la culpa.

En presencia de una gestión emocional equilibrada, mi amiga hubiera resuelto el problema ofreciendo otra solución a su familiar, con un mínimo de su propio esfuerzo. Desde la calma, con tranquilidad, hubiera continuado con su plan y puede que la llamada nunca se hubiera producido.

Pero cuando cualquier información, demanda o solicitud te llega e impacta en tu mente con la culpa, la preocupación o la pre culpa, no es posible que se genere una reacción positiva.

Son emociones que te paralizan por miedo a algo que solo está en tu mente. No te permiten cambiar y están salpicadas de angustia, estrés y llanto. En consecuencia tu comportamiento no solo no es equilibrado, si no que muy rara vez desemboca en el mejor escenario para ti.

Un equilibrio en tu gestión emocional te permite tener un comportamiento relajado y en general feliz. Consigues enfrentar la vida desde la calma y el sosiego, más enfocada a

encontrar soluciones viables, que en vivir el sufrimiento por lo que ha pasado, o por lo que vendrá.

Para libérate de la culpa y la pre culpa te propongo unos fundamentos y un ejercicio. Espero que los puedas seguir para generar el cambio que necesites.

El pasado y el futuro desde el presente

Lo primero que aprendí cuando estaba en este punto es que tanto el pasado como el futuro son productos del presente, del ahora.

El futuro lo modificas con lo que haces ahora. Tus perspectivas, tus sueños tu realidad futura imaginada depende de lo que está hoy en tu mente. Cuando mañana adquieras una nueva experiencia, un nuevo conocimiento o descubras en ti una nueva cualidad, tu futuro cambiará automáticamente.

El pasado exacto como lo recuerdas no existe, lo construyes en tu mente para justificar este momento. Es imposible que tu mente grave tal cual y como sucedió algo en el pasado, porque ni siquiera te acuerdas de si te pusiste el zapato

derecho primero, o el izquierdo esta mañana.

No es fácil de asimilar al inicio, pero todo lo que recuerdas es la explicación que has colocado en tu mente a lo que te sucede ahora, a lo que piensas ahora.

Explicamos tantas veces nuestro comportamiento actual con lo que nos dieron o no nuestros padres, con nuestros traumas o alegrías, con nuestras antiguas destrezas o vivencias, que apenas nos damos cuenta de que eso puede modificarse.

Si has retocado tus recuerdos para justificar tu comportamiento actual, también puedes hacerlo para respaldar la mujer que deseas ser.

Lo que digo es que puedes cambiar tu pasado. Puedes alterar tus recuerdos para liberarte de la culpa, la pre culpa y el lastre que eso implica.

Entiendo que puede resultarte deshonesto o que pienses que estás alterando la "realidad" engañándote a ti misma. O que no quieras olvidar tus "raíces". Pero, si lo piensas bien, es algo que ya has hecho para justificar el no hacer, el sufrimiento y el no logro de tus sueños.

Es el momento de usar esta práctica en tu beneficio, y hacerte el bien. Es la hora de concentrarte en esas razones en tu mente que explican con "realidades" pasadas por qué eres fuerte, decidida, buena persona, amable, inteligente, persistente, alegre o locuaz. De eso trata el ejercicio siguiente.

> Del pasado no tiene usted que recordar más que lo placentero.
>
> *Jane Austen.*

Ejercicio:

El juego de la mente y los recuerdos.

Busca en tu mente un recuerdo cualquiera.

Si es agradable, guardarlo en una lista. Puedes llamarla: **"lista del empoderamiento"**. Escribe tantos recuerdos agradables como sea posible.

Cuando el recuerdo no sea agradable, escríbelo en una relación aparte, la mantendrás alejada a menos que encuentres un nuevo recuerdo de este tipo. Puedes llamarla: **"lista para olvidar"**.

Cada día dedica unos minutos a leer tu lista de em-

poderamiento. Te sorprenderás porque mientras más leas, más recuerdos agradables vendrán a tu mente. Así la lista crecerá. De esta forma perpetuarás un nuevo pasado positivo, agradable y motivador.

La lista que has dejado apartada no es buena para tu mente. Está cargada de un lastre que te impide ser mejor en el presente y compromete tu futuro. Por lo tanto debes hacer limpieza con estos recuerdos. Exactamente igual que cuando la haces en casa para sustituir las cosas viejas, inservibles y rotas por otras nuevas o renovadas.

Como un domingo de limpieza general cualquiera, escoge un día en el que te sientas feliz o particularmente entusiasmada. Coge el primer recuerdo de tu "lista para olvidar" y empieza a transformarlo en un recuerdo agradable.

Sustituye el «Durante mi niñez tuve que ocuparme de mis hermanos y nunca tuve tiempo para hacer lo que quería…» por «Mi familia siempre ha estado unida, mis padres hacían que todo fuera fácil y divertido, y yo disfruté una niñez llena de juegos compartidos con

mis hermanos pero también de tiempo para dibujar, leer o jugar a maquillarme sola o con mis amigas. Fue una época fantástica de mi vida, porque aprendí a compartir al mismo tiempo que mantenía mi propia identidad»"

Cuando tengas tu nuevo recuerdo elaborado agrégalo a tu "lista de empoderamiento" y tacha el antiguo. Si quieres darle más poder a este nuevo recuerdo escríbelo cada día de tu puño y letra, agrégale detalles, mejóralo siempre que lo necesites. Puedes sumar esta práctica al final de la lectura de los recuerdos agradables.

Después de un tiempo trabajando con estas nuevas imágenes, tu mente las recordará como verdaderas. Formará parte de tu justificación para ser la mujer que deseas ser.

Uno de los pilares más importantes de la gestión emocional es la capacidad para autogenerar emociones agradables. La fuente de nuestra alegría, buen humor, amor, ternura etcétera no tiene que venir del exterior necesariamente.

Tú puedes autogenerar emociones placenteras para mejo-

rar tu calidad de vida, tu bienestar y disfrutar cada momento. Puedes hacerlo como te propuse en el ejercicio anterior, o de cualquier otra.

El principio es sencillo: Tú puedes controlar tus pensamientos, los pensamientos generan sentimientos, o sea tú puedes controlar tus sentimientos. Y los sentimientos están cargados de emociones,

Esto se traduce en que ante una noticia, información o dato, puedes actuar exageradamente, por impulso y con fastidio. O establecer unas bases que te permitan estar calmada, y que con el tiempo te dé un balance óptimo en tu salud emocional.

Por ejemplo, ante un fuerte ruido de platos en la cocina, podría sobrevenirte la ira, la desesperación y el miedo, o podrías reaccionar con calma, tranquilidad y alternativas positivas.

El tormento suele venir porque en tu mente se agolpan pensamientos que no te agradan. Al asumir que tu hija ha dejado caer con toda intención toda la vajilla al suelo. Que te costó mucho dinero y será difícil de reponer. Que es posible que se haya hecho daño y tendrán que salir corriendo al

hospital. Que su padre la malcría demasiado, etcetra es fácil desembocar en histeria.

La calma es cuestión de pensar en un desafortunado accidente. Que es más ruido que otra cosa. Que la niña seguramente quería hacer algo bueno por ti,. Que es lista, hábil y no ha sufrido daño alguno, porque te respeta y sabe lo que puede y no puede hacer en la cocina. Que está en proceso de educación y asimila tus enseñanzas con rapidez, y otros pensamientos positivos como estos.

Parece que ambas reacciones emocionales son iguales, pero un simple matiz redefine por completo tu comportamiento. Mientras que con el primer pensamiento podrías gritar, regañar, incluso pegar a tu hija. Con el segundo tendrías tu corazón lleno de ternura y compasión, dispuesta a solucionar el problema, de la mejor forma posible.

La doctora Gertrude Belle Elion era una gran gestora del efecto de la pérdida y de las condiciones negativas. Una magnífica gestora de sus propias emociones.

Su motivación para hacerse científica y escoger la química para desarrollarse como tal, vino porque a la edad de 15 años perdió a su abuelo, con quien tenía una magnífica relación.

La II Guerra Mundial no fue una buena noticia para nadie. Pero a la joven doctora Elion le permitió por fin trabajar como investigadora, aprovechando que la mayoría de los hombres científicos estaban en el frente.

Cuando consiguió su máster, perdió a su prometido, a quien amó hasta el final de sus días. Esto la incentivó a buscar soluciones, a experimentar otros caminos, y a ser mejor científica y mejor persona.

Tuvo que renunciar a conseguir el grado académico de Doctor (PhD) porque era incompatible con el trabajo que quería realizar. Y puso tanto empeño en llevarlo a cabo, que al final logró, no solo tres Doctorados Honoris Causa, sino también un Premio Nobel de Medicina, sin ser médico.

La doctora Elion demostró que siempre hay que ver el lado positivo de la situación, por más difícil que parezca. Gracias a que ella encontró la motivación en su sufrimiento, evitó el sufrimiento a millones de personas.

Gracias al equilibrio de su salud emocional consiguió convertir cada revés y cada pérdida, en una estrepitosa victoria.

A continuación te dejo algunas prácticas, que puedes hacer

tuyas para conseguir una mejor gestión de tus emociones.

Prácticas

- Haz un monitoreo consciente de tus emociones diariamente durante unos días. Este es el primer paso para saber qué sientes y que te afecta para poderlo regular en el futuro:

  - Tómate unos minutos antes de acostarte para pensar en tus reacciones del día.

  - Anota en una hoja de papel o soporte electrónico las reacciones que has tenido

  - Registra cómo te has sentido y cómo ha afectado esta emoción a tu comportamiento. Ten en cuenta también cuáles son los temas que hacen aflorar tus reacciones no positivas (Puntos calientes).

    Te pongo mi ejemplo: Por mucho tiempo el racismo era un tema que yo no conseguía enfrentar, sin que me hirviera la sangre dentro del cuerpo.

    Cuando lo identifiqué y lo traté con las mismas prácticas que te propongo aquí, me liberé de un gran peso. Ahora es un tema como otro cualquiera

donde expongo mis argumentos si considero que es razonable, o que evito si veo que la interacción no me aportará nada.

- Acepta tus emociones para que puedas trabajar en ellas. Concéntrate en las positivas. Asume que buscarás la forma de reaccionar con calma a cada información que te llegue. Sobre todo si está relacionada con tus puntos calientes.

- Debes mantener una actitud positiva, pensar en bien, como en el ejemplo anterior de la niña. Debes ejercitar tu voluntad en vez de dejarte llevar, y obligarte a pensar en las posibilidades positivas que toda situación conlleva.

- Debes saber cuándo abandonar. En toda discusión o enfrentamiento llega un momento en el que nadie va a ganar nada. Tú debes conocer ese punto, levantarte e irte.

- Aprende a asimilar las críticas: Este es un aspecto que puedes tratar mejorando tu autoestima. Por más personas que hayan que no están de acuerdo con tu punto de vista, o tu forma de ver la vida, tú estás sembrada en

tu identidad. No necesitas estar pendiente de lo que dicen los demás. De modo que aceptas sugerencias, colaboras y te enriqueces para hacer crecer tu propio ser.

- Encuentra equilibrio mental, físico y espiritual

  - Realiza ejercicio físico, para liberar tensiones, mantenerte en forma y mejorar tu autoestima.

  - Practica la meditación, o dedica tiempo a controlar tu respiración mientras tomas consciencia de lo bueno que tienes o lo bueno que deseas tener.

  - Dedica tiempo en la semana a ratificar la fe que tienes en ti misma, tus capacidades, tus destrezas, tus buenas intenciones y la bondad de tu corazón. Utiliza afirmaciones que te trasmitan un significado claro encabezado con el "Yo soy..." Ejemplo: Yo soy valiente, yo soy buena madre, yo soy feliz, yo soy millonaria, yo soy una mujer de éxito, Yo soy decidida....

- Aprende de otros practicando la escucha activa. Observa y escucha a personas a quienes admires por su

gestión emocional. Reflexiona sobre cómo lo hacen e imita las prácticas que sean aceptables para ti.

Si decides mejorar tu salud emocional sumando algunas de estas prácticas, incorporarás en tu vida hábitos que te mantendrán constantemente fortaleciendo tu salud física, mental y espiritual. Serás fuerte y linda en tu saber estar, y también decidida y firme en lo que realmente quieres. Volarás ligera de peso a donde tú quieras, disfrutando de los mejores colores de la vida.

> **NO HAY NADA MÁS EFECTIVO PARA UNA ÓPTIMA GESTIÓN EMOCIONAL QUE UNA ACTITUD POSITIVA CON TU PRESENTE, TU PASADO Y TU FUTURO**

8

Las bases del renacer del Ave Fénix.

Una mujer que despliega todo su potencial es más que una heroína. **Cuando una mujer expande sus alas lleva dentro de sí la esencia de un ave fénix.**

Existen muchas teorías sobre esta ave mitológica. Algunas incluso, discrepan entre sí. Pero el factor común está en el criterio de que ella misma se autodestruye. Para hacerse renacer. Para dar paso a una mejor versión de ella misma.

A un ave fénix nadie la mata, ella decide que es momento de cambiar, y cambia de forma irrevocable.

Esta es la descripción perfecta para una mujer decidida a transformar su propio ser por dentro y por fuera. Es el respaldo que una decisión de ese calibre debe tener.

Las heroínas de la ciencia ficción y la fantasía, rescatan a

otros, liberan pueblos y salvan el mundo. Pero una mujer que expande sus alas trabaja sobre sí misma para crear una nueva "ella" en su mente, renaciendo e inspirando con su ejemplo a los demás.

No es necesario que la transformación sea traumática o que literalmente estalles en llamas. **Con el tiempo el proceso de cambio para ti y para tu mente será algo habitual**, y entonces, renacerás con facilidad cada vez que te lo propongas.

8.1.   Diagnóstico de vuelo

Una mujer con alas conserva dentro de sí misma sus valores, aún y cuando no los haga ondear con toda la convicción de la que es capaz.

Una mujer que busca su empoderamiento puede estar en diferentes fases de su crecimiento y desarrollo. Y en dependencia de la fase en que se encuentra, así es la visión que tiene de sí misma.

Muchas personas creen que somos un cuerpo que tiene un alma. Sin embargo las nuevas teorías del paradigma de la

percepción del entorno en los últimos años sostienen que en realidad somos una mente, un espíritu, un alma en tránsito, que ocupa un espacio físico.

Esto te va a ayudar porque te quitará la presión que muchas veces tienes, porque parece que todo el mundo ha hecho muchas más cosas que tú, y en menos tiempo.

Sin embargo, ahora sabemos que un alma va avanzando en su evolución y aprendizaje para llegar a lo que se llama un maestro ascendido o ser de luz. Esto significa que un alma te ha escogido a ti como parte de su crecimiento. Por lo que hay algo relevante que tu vida le va a aportar.

Significa que sin tus decisiones, tus experiencias y tus éxitos, tu alma no crecería. Que todo lo que has vivido y vivirás ha sido escogido por ella para su desarrollo.

Esta línea de pensamiento descubre una nueva perspectiva y un nuevo valor, cuya base descansa en que todo lo que te ocurre implica un aprendizaje. Y lo que antes podías considerar errores, fracasos, malas elecciones o caminos equivocados, no son más que enseñanzas o aportes de crecimiento para tu alma.

Por favor. No seas tan dura contigo misma. No machaques tu ego. Se trata de aprender y crecer mientras disfrutas del camino. Lo único que debes preguntarte cada vez que las cosas no salgan como tú esperas es **¿Qué puedo aprender de esto?**

8.2.   Mujeres con alas

Con este enfoque, seguidamente te muestro una clasificación referida a la fase en la que se puede encontrar una mujer con alas, según la visión que tiene sobre sí misma.

De más está decir que es una clasificación para el estudio, puesto que como en muchos otros casos la realidad supera la ficción. Nuestra naturaleza está llena de híbridos y matices, por lo tanto no lo tomes literal.

Sencillamente, por tu propia evaluación te sentirás más cerca de una clasificación que de otra.

Que no ve sus alas: Cuando una mujer con alas no las ve, las percibe rotas o las esconde es porque se siente herida, agotada o desorientada. Y aunque en su interior quiere tomar

el control de su vida, sus decisiones y emociones, muchas veces no sabe cómo o no entiende el fenómeno que la envuelve.

Plumas de poder de equilibrio (voladoras, amplias y activas)				
Mujer	Auto-estima	Relaciones Interpersonales	Independencia económica	Salud emocional
Que no ve sus alas, las ve rotas o las esconde	Baja	No sanas	Dependiente	Poco control
Que ve sus alas fuertes	Alta	Sanas	Independiente económicamente	Control
Que expande sus alas	Alta	Que le aportan valor y a las que aporta valor	Más que independiente económicamente está en el camino a la libertad financiera	Control total

Plumas de poder de alta velocidad		
Mujer	Desarrollo personal y aprendizaje	Creación y manifestación
Que no ve sus alas, las ven rotas o las esconde	Casi inexistente	No es consciente
Que ve sus alas fuertes	Frecuente-mente	Conoce la Ley de la atracción, y/o La ley de la creación y realiza algunas prácticas.
Que expande sus alas	Constante-mente	Ha trabajado sobre sí misma en programas completos relacionados con el poder de la creación de la mente. Ha incorporado a su vida estos conceptos y prácticas y se mantiene en actualización continua en relación a estos temas para las diferentes áreas de su vida.

Que ve sus alas fuertes: Una mujer que ve sus alas fuertes, es independiente y se esfuerza por mejorar cada día.

Que expande sus alas: Una mujer que expande sus alas es consciente de su responsabilidad para con su entorno. Posee habilidades para cambiar su conjunto mental y en con-

secuencia manifestar lo que desea. Entrena su mente, su cuerpo y su espíritu para conseguir su mejor versión y un mejor universo para ella y los suyos.

> "No vemos las cosas como son realmente, sino que más bien las vemos como somos nosotros".
>
> *Anaïs Nin.*

En cualquier caso lo más importante es quitar la vista del exterior y mirar hacia tu interior.

Acusar a otros de lo desafortunada que es tu situación es un enfoque que te aleja del control, la libertad y la independencia que deseas tener.

Justificarte con tu pasado, tu procedencia, tu nacionalidad, lo que la vida no te ha dado o lo que supuestamente no has tenido mas remedio que aceptar, te condena a la no evolución.

Todo lo que eres, lo positivo y lo que no lo es tanto, tiene una justificación en tu mente. Todo tu desempeño e interacciones a lo largo de tu vida están condicionados por lo que crees

de ti misma. Y esto es especialmente notable en los rasgos que tú crees que son tu sello de identidad.

Por ejemplo: Si desde pequeña crees que tienes buena memoria, seguramente eres la que se acuerda de todo, y en consecuencia los demás te preguntan constantemente.

Si has destacado en matemáticas. eres la que siempre hace las cuentas en restaurantes, en casa, etcétera. Y así sucesivamente.

La buena noticia es que, absolutamente todo, por más arraigado que esté en tu mente, puede ser modificado, si así lo deseas.

Para ser una mujer que expande sus alas y seguir creciendo, debes asumir la responsabilidad de tu interior. Para que sea más fácil y feliz disfrutar de lo que sucede en tu exterior.

Yo siempre me sentí atraída por la idea de gestionar mis tiempos, dedicarme a lo que me gusta y tomar las decisiones importantes sobre cómo ganarme la vida.

Por eso constantemente han aparecido oportunidades ante mí para ser mi propio jefe. También el conocimiento necesario para emprender, gestionar mis finanzas y hacer inver-

siones.

Tu sello de identidad puede ser el ciclo del renacer del ave fénix de forma consciente. Lo que te permitirá renovarte, fortalecerte y armarte de sólidas herramientas, para que este proceso sea tan natural para tu crecimiento personal, como ya lo es en algunos aspectos de tu vida.

A partir del siguiente capítulo veremos los principios básicos que te ayudarán a entender el proceso.Con esto, será sencillo para ti poner en práctica el **ciclo del renacer del ave fénix** .

9

Reconociendo tus plumas de poder de alta velocidad

Este capítulo y los venideros, son los más revolucionarios de este libro. Lo que encontrarás aquí es cómo acelerar el fortalecimiento de la base de tus alas. Y digo más, lo que te voy a mostrar te ayudará a hacerlas **tan poderosas que pronto entenderás que son indestructibles**.

Con las plumas de poder de alta velocidad podrás mejorar de forma acelerada tu autoestima, tus relaciones personales, tu independencia económica y tu gestión emocional.

Tanto el desarrollo personal y el aprendizaje, como el poder creador de la mente, son plumas de poder que transformaran tu vida de forma radical y definitiva.

Piensa en la diferencia rotunda que hay entre ser estudian-

te y de repente astronauta. Estar en una montaña helada y 20 minutos después en una playa cálida. O tener un trabajo ordinario un día y al siguiente ser millonaria.

Todas estas cosas suceden, pero muchas veces no les damos crédito porque para nuestra mente los sucesos van despacio. Somos amantes de lo que existe, de lo que aparentemente podemos controlar. Así que ante cualquier pico de satisfacción, le llamamos «golpe de suerte», y si es muy grande «Milagro»

Pero tú eres una mujer con alas. Rompes tus límites. Puedes con todo.Todo lo que escoges te hace fuerte. Así que te mostraré conceptos y herramientas para que vueles tan alto como te lo permita tu imaginación.

> Cuando una puerta de la felicidad se cierra, otra se abre; pero a menudo miramos tanto tiempo a la puerta cerrada que no vemos la que ha sido abierta para nosotros.
>
> *Helen Keller.*

9.1.   Las plumas de poder del desarrollo personal y el aprendizaje.

Se dice que el conocimiento es poder. Sin embargo hay dos líneas de pensamiento que hay que distinguir para encarrilar nuestro desarrollo.

Por una parte está el conocimiento académico consciente, cuyo poder radica en su aplicación. Por ejemplo cuando te gradúas en ingeniería recién salida de la universidad, las formulas, teoremas y definiciones en tu cabeza no te sirven de mucho.

El poder lo despliegas cuando participas en proyectos, afianzas tus conocimientos y construyes cosas con tu ingenio. La aplicación del conocimiento es la base de tu poder en este caso.

Por otro lado está el conocimiento interno subconsciente, que es el que habita dentro de ti como un super poder. Este es el que te impulsa a hacer algo simplemente porque tú sabes que puedes hacerlo.

Esto sucede cuando un **cúmulo de pequeños detalles** en tu

interior confabulan para hacerte llegar una certeza, como un destello irrevocable de lo que eres capaz. Como si solo hubiera un camino o una respuesta posible.

Entonces todo tu ser te grita que puedes enfrentar un reto, y que saldrá bien, independientemente de lo que digan o piensen los demás.

Ambos conocimientos son importantes para ti. El primero es el que usas para transformar con calma tu cotidianidad. Son destinos socialmente aceptados o pasos lógicos en tu desarrollo normalmente académico o formal. El segundo se encarga de los grandes saltos de tu vida. De lo que se sale de la norma. De lo que causa impacto. De los milagros.

9.2.   Saltos de formación aprendizaje y crecimiento.

No voy a hablarte de lo importante que es tener una carrera o un título de nivel superior. Desafortunadamente eso no es una garantía de que puedas expandir tus alas y romper tus límites.

Puedes recibir una maravillosa educación formal, varias carreras, masters, doctorados, postgrados, cursos de todo tipo. Es fácil identificar el salto que se produce al graduarte en medicina, ser profesora, hacer un curso de soldadura, maquetación, youtuber, piloto ecétrera

Sin embargo, en mi opinión, los grandes saltos se dan al combinar las dos líneas de pensamiento expuestas anteriormente. O sea cuando vinculas tus conocimientos conscientes con tus super poderes.

El punto crítico está en la forma de aprender. Tanto de la educación formal o académica, como de la informal y autodidacta. Por eso mi aporte para ti en este capítulo es que sepas identificar y generar **bucles de retroalimentación positiva**.

9.3. Auto superación. Los Bucles de retroalimentación positiva

Un bucle de retroalimentación positiva ocurre cuando la salida de un sistema vuelve a constituir su entrada, conformando un ciclo virtuoso de crecimiento

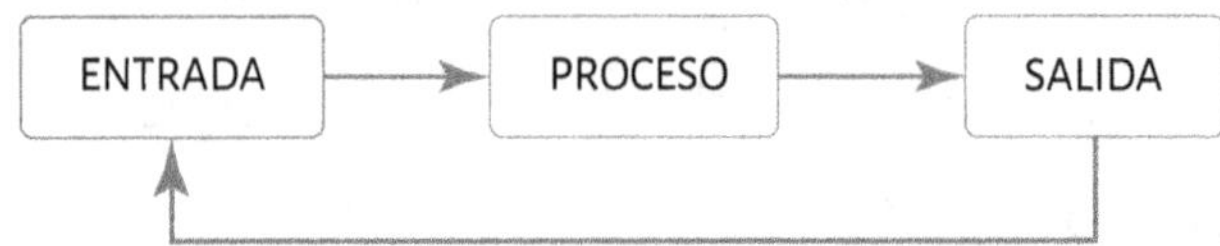

Los bucles de retroalimentación positiva están presentes en todas las esferas de nuestra vida. Adquiriendo conciencia de ellos tú puedes provocar un gran impacto tanto en tu salud, como en tus relaciones, o en las bases de tus plumas de poder.

Cuando empieces a reconocerlos podrás aplicarlos, en tu trabajo, tu negocio, con la familia y para mejorar lo que desees de ti misma de forma acelerada.

A continuación, un par de ejemplos comunes, para que comprendas cómo puedes establecer y hacer funcionar algunos de ellos para ti

Un bucle sencillo para mejorar tu autoestima es el de tu progresión hacia la confianza:

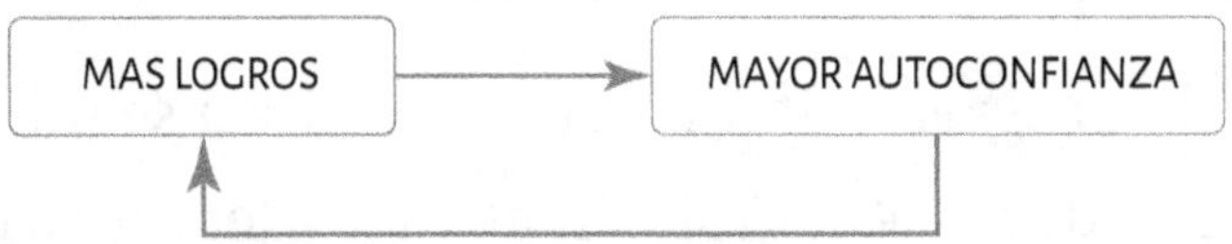

Cuantos más logros obtienes, no solo en el trabajo sino en la vida, más confianza tienes en ti misma. Adquirir más confianza te lleva también a lograr más cosas, porque tienes mayor seguridad, te vuelves más atrevida y te visualizas obteniendo cosas más retadoras. Este bucle puede comenzar con una único y pequeño éxito.

Logrando nuevos objetivos se vuelve a incrementar tu autoconfianza, que una vez más te impulsa a lograr nuevas metas y así sucesivamente.

Otro ejemplo en el área de la gestión emocional es:

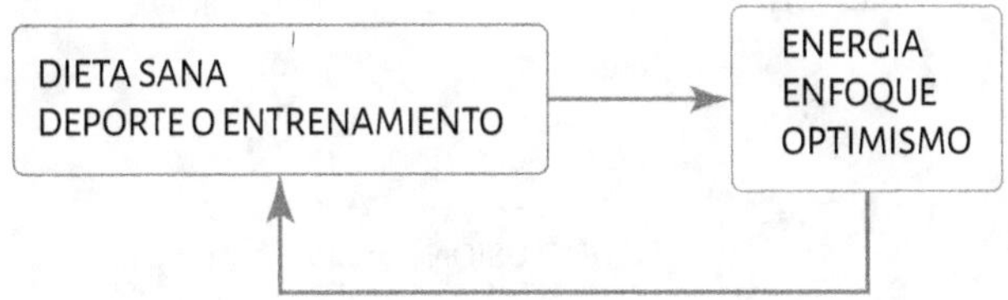

Cuando tienes una dieta sana, y te entrenas con ejercicio físico, te conviertes en una mujer más optimista, con más energía, y más enfocada porque te ves bien.

El sentirte positiva y optimista te impulsa a seguir manteniendo una dieta sana. A sistematizar el deporte o el entrenamiento de tu cuerpo físico, que a su vez te ayuda a mantenerte en los niveles más altos de energía, enfocada y optimista.

Cualquier bucle positivo te hará mejorar con el tiempo, si lo defines bien. Sin embargo hay dos de ellos que te permitirá dar un verdadero salto en tu crecimiento. Son los relacionados con el proceso de aprendizaje y la adquisición de aptitudes, de forma acelerada.

A veces pensamos que automáticamente aprendemos al tener una experiencia, pero esto no es necesariamente así.

Cuando tienes una experiencia nueva que ha roto un paradigma o ampliado una perspectiva para ti, es imprescindible que hagas una reflexión sobre ella.

Al hacer esa reflexión tendrás una serie de conclusiones. Éstas te harán tomar una decisión sobre cómo esta experiencia puede funcionar en tu caso, sobre tu mejor opción. Finalmente debes pasar a la acción basándote en tu conclusión. La implementación te reportará una nueva experiencia, y vuelta a empezar.

Para conseguir un rápido aprendizaje debes estar consciente de todo el bucle. Cuando lo haces lo exprimes al máximo para tu beneficio, y entonces hay crecimiento.

La experiencia vivida sin reflexión es un suceso, sin conclusión es una anécdota, y sin acción es un recuerdo

Cuando implementas todo el bucle poco a poco vas adquiriendo un juicio más refinado, un mejor criterio de aquello que te interesa. El proceso de toma de decisiones será más fácil y cercano en el futuro. Pasarás a la acción con to-

tal confianza. Además de la satisfacción de sentir que estás sacando el máximo provecho a lo que has aprendido.

Pongamos el ejemplo de una estudiante de medicina, que va teniendo una serie de experiencias durante la carrera (Prácticas, exámenes, trabajos de fin de curso, interacción con pacientes y otros). En cada experiencia reflexiona, saca conclusiones, pasa a la acción y obtiene una nueva experiencia en un ciclo sin fin.

La probabilidad de que sea una excelente médica es muy alta. Aunque se equivoque siempre aprende de sus errores.

El bucle con el que puedes incorporar nuevas aptitudes parte del aprendizaje.

Una vez que has aprendido algo debes ponerlo en práctica. Al desarrollarlo entonces se convierte en conocimiento. Este conocimiento genera un impacto en ti y en otras personas. Esto permitirá que des un salto en tu aprendizaje, y te hará poner en práctica nuevas cosas. Este es un bucle que puedes usar cuando quieres adquirir cualquier tipo de especialización.

Si volvemos al ejemplo de la médico, este es el bucle que usará para especializarse en pediatría o cualquier otra rama de la medicina:

Ya posee un aprendizaje particular que debe poner en práctica para adquirir nuevos conocimientos específicos. Este no solo impactarán en ella misma si no en muchos niños, sus padres, familiares y puede que en el personal de la clínica en que trabaje.

Ese impacto le aportará un aprendizaje más profundo que volverá a poner en práctica. Refinará sus conocimientos y creará un nuevo impacto etcetera. Este bucle le hará ganar aptitudes para ser mejor y más rápida, en el desempeño de su trabajo y en su carrera con el paso del tiempo.

Si tú buscas estos bucles de manera consciente y los incorporas en tu vida como sistemas, vas a verte crecer más rápido. Tus alas serán más fuertes a largo plazo.

Invierte tus valores en tu propia formación, superación y desarrollo:

El refrán popular dice «El que no sabe es igual que el que no ve» A mí me gusta decir: «El que sabe con modestia, se ve claramente a sí mismo y los demás no pueden apartar la vista de él»

Pon en práctica tus propios bucles de retroalimentación positiva, te verás brillar y sentirás como se fortalecen tus plumas de poder.

9.4.   Las plumas de poder de la creación y la manifestación de la mente.

Antes de continuar debo ser sincera contigo y advertirte. El conocimiento que aparece a continuación, relacionado con esta pluma de inmenso poder, no ha estado disponible para todos los públicos hasta hace muy poco tiempo.

Se trata de un nuevo paradigma que por primera vez se pone a disposición de las mujeres. Se presentacomo un sistema con todos sus componentes fundamentales, de forma masiva, para que puedas transformar tu vida trabajando en tu propio crecimiento. Si así lo deseas.

En tus manos está la decisión de usar las herramientas que aquí te dejo para expandir tus alas de forma ilimitada.

Tal y como hemos hablado anteriormente **tú creas toda tu**

realidad con ideas, e información. Creas tu universo mental y también tu universo material.

Muchas celebrities, millonarios, hombres y mujeres de éxito a nivel mundial han usado el trasfondo de estas palabras para fortalecer el carácter, para ganar dinero, para sacar adelante proyectos concretos, para mejorar sus relaciones personales a un altísimo nivel, para superar fobias, para eliminar dependencias, y para hacerse famosos. En resumen, para dar impulsos de crecimiento hacia sus deseos y sueños.

Ahora este poder también está en tus manos, úsalo con respeto en tu propio beneficio, por tu propio bien, el de tus seres queridos y del resto de la humanidad.

¡Úsalo con la expectativa de tener un hoy mejor!

10

Los tres secretos mejor guardados para acelerar tu empoderamiento

Al inicio de este libro te he desvelado el súper poder que tú tienes de crear todo tu universo mental y material. Ahora te explicaré cuales son los fundamentos de esa afirmación y cómo tú puedes hacer consciente este proceso para conseguir lo que deseas en tu vida.

Empezaremos por los tres pilares que necesitas fijar para apoyarte y emprender este poderoso vuelo. Los tres secretos mejor guardados para acelerar tu empoderamiento y tu crecimiento personal:

- Asumir la responsabilidad

- La energía que puedes manejar es limitada

- La mente es mortal… y lo sabe

Si apoyas tus alas en estas tres columnas te garantizo que jamás volverán a flaquear. Comprendiendo estos tres principios, no importará lo que suceda. La base de tus plumas de poder será inquebrantable.

10.1.   Asumiendo la responsabilidad

Todo empieza por asumir la responsabilidad de lo que has creado y creas constantemente. Debes tomar conciencia y hacerte responsable de todo lo que está dentro de ti y de todo lo que te rodea.

Te preguntarás:

¿Soy responsable de los políticos que gobiernan mi país? ¿Soy responsable del comportamiento de mis hijos? ¿Soy responsable de cómo me tratan los hombres? ¿Soy responsable de la jefa que tengo? ¿Soy responsable de todo lo que ha pasado y pasa en mi vida?

La respuesta a todo es SI.

¿Qué? ¿Ahora mismo estás choqueada? Lo entiendo. Pero como el gran Stan Lee pensaba: «Un gran poder conlleva una

gran responsabilidad». De modo que lo más lógico al aceptar que creas todo tu universo, es hacerte responsable de tu creación.

Si has leído hasta aquí es porque este tema te interesa. Porque deseas avanzar, mejorar, crecer, y sabes que debes hacerlo por tu cuenta. Aún así, sigues aquí, porque has explorado otros caminos y sabes a dónde te llevarán, si los vuelves a emprender.

Esta es otra alternativa. A la pregunta ¿Soy responsable de que este libro haya aparecido en mi vida? La respuesta es SI.

La primera razón por la que las personas no aceptan que han creado todo su universo, es porque no quieren hacerse responsables de las cosas no tan buenas que les rodean.

Y la segunda razón es porque no saben cómo cambiarlo, o sea no saben que pueden des crearlo.

Para eso es que está este libro en tus manos, para que puedas crear todo lo que deseas. Cuando lo hagas, automáticamente desaparecerá lo no tan bueno que te molesta.

Para asumir la responsabilidad de lo que has creado lo primero que debes hacer es perdonarte a ti misma. El secreto

está en mirar en tu interior y entender que eres la creadora de tu universo y que no tiene sentido buscar culpables. Por tanto, lo único que puedes hacer **es aceptar ese poder, y perdonarte por todo lo que has creado que no te gusta**.

Cuando tú te perdonas a ti misma, entonces el universo te sonríe y te da todo lo que tú deseas. Al no culpar a los demás, de tu propia creación, tú logras enfocarte en ser feliz, en lugar de encontrar culpables.

Entonces diriges toda tu atención, tu energía y tu acción hacia las cosas que deseas. En dirección a tus metas, tus objetivos y sueños.

Al concentrarte en lo que de verdad te importa se desatan en ti las más fabulosas facultades. En el sentido de conseguir lo que más añora tu corazón, cualquier COSA que sea eso.

Lo único que tienes que hacer es aceptar la responsabilidad de tu creación, perdonar, y perdonarte. Sé que no es la tarea más fácil. Pero cuando lo hagas sentirás el poder.

Perdonar a los demás es decirte a ti misma: *"me perdono por haber creado esto que ahora no disfruto. Yo soy la única responsable de ello, porque solo yo tengo el poder de crear mi propio universo.*

Ahora que lo sé, crearé algo más acorde a mis deseos actuales".

10.2. ¿Cómo es que tú creas tu universo?

Todo lo que se percibe como materia antes estuvo en la mente. Todo lo que ha sido construido, antes era una idea, en la imaginación de una o varias personas. Todo lo que es creado se proyecta directamente desde un conjunto mental.

Conjunto mental

El conjunto mental es el grupo de ideas, pensamientos, creencias, escrúpulos, valores, principios, y demás, que tú aceptas. Tu conjunto mental son los parámetros que aceptas como verdaderos.

Desde el momento en que fuiste concebida empezaron a llegar a ti ideas, verdades, valores, que te han servido para crear tu mundo. Y mientras creabas tu propio conjunto mental asociado a tu personalidad.

Gracias a nuestro conjunto mental percibimos el mundo tal

cual es para nosotras. Gracias a la tolerancia de nuestra mente para aceptar ciertas cosas, las vemos o no.

Aún hay personas a las que les cuesta aceptar que un amasijo de metal vuele. Aunque muchos conocemos más de tres tipos de aeronaves.

Lo mismo se aplica cuando las personas piensan en trasladarse de un continente a otro en avión. Algunos piensen en la clase turista, otros en primera clase o business, y otros en un jet privado. Solo vemos lo que estamos preparadas para ver.

El conjunto mental crea todo. Todas nuestras ideas sobre la vida, la muerte, Dios, la materia, la energía, la economía, el comportamiento de las personas, la familia, los ciclos de la vida, las enfermedades, el calor, la vejez, la belleza, la muerte, la reencarnación, de dónde venimos a dónde vamos y qué hacemos aquí. TODO.

El proceso empieza en nuestra concepción y lo vamos creando a medida que crecemos. Gracias al conjunto mental, nosotros creamos nuestro mundo completo. Y lo creamos tal cual y como es, con lo hermoso y lo menos bello.

Ahora bien, si tu universo depende de tu conjunto mental y este conjunto mental depende enteramente de ti, entenderás que para cambiar tu vida, tu universo, tu mundo lo que debes hacer es modificar tu conjunto mental. Por lo tanto, aunque te asuste: **tú puedes tener todo lo que desees**.

La buena noticia sigue siendo tu gran ventaja: todo depende de ti. La noticia no tan buena es que modificar el conjunto mental es un reto, y no es de los más fáciles.

Reglas para gestionar el conjunto mental

Más adelante hay ejercicios y prácticas para que consigas renovar tu conjunto mental. Pero lo importante aquí es que SI puedes modificar tu conjunto mental, y con él todo tu universo como desees.

Recuerda que ya lo has hecho, ya estás creando cada día, por tu experiencia, tu trayectoria, tus ideas, tu ética y demás. Ahora solo debes hacerlo de forma consciente teniendo en cuenta las siguientes reglas:

- Si el cambio es radical, la modificación es más difícil.

El hecho de que una mujer que ha sido víctima de violencia de género o maltratada por muchos años se convierta en una mujer auto empoderada que expande sus alas, es perfectamente posible. Pero no es tan fácil como para una mujer que no ha tenido esa dependencia emocional.

Para nuestras bisabuelas o abuelas concebir una igualdad entre el hombre y la mujer con el grado de profundidad que lo percibimos nosotras, puede que no tan fácil.

- Si dedicas más tiempo al cambio, más fácil será con el tiempo.

Cambiar el conjunto mental de la noche a la mañana no es tan fácil, como hacerlo con tiempo y dedicación constante.

Por ejemplo, imagina que has tenido la casa desordenada por mucho tiempo o simplemente no está como te gusta desde hace meses o años. Es algo que te pesa, que definitivamente quieres cambiar pero nunca encuentras el tiempo, o el momento porque quieres cambiarlo todo de una vez.

En cambio puedes coger un espacio pequeño y ponerlo a tu gusto. Mantenla así para la emoción de ver ese rincón o esa habitación como te gusta, te de fuerzas y energía para ajustar otra, en cuanto lo tengas planificado.

En un tiempo más corto del que te hubieras podido imaginar al inicio, habrás terminado. Siempre que te mantengas trabajando en ello hasta que esté todo a tu gusto.

Lo más importante es que en el proceso habrás aprendido a mantenerlo. Tus hábitos habrán cambiado. Y la misma fuerza que antes no te dejaba tiempo para ordenar tu casa, ahora no te permitirá dejarla desordenada.

- Si relacionas lo conocido con lo desconocido, más fácil será el cambio.

Pasar de un apartamento de 30 metros cuadrados de una habitación y un baño, a uno de 80 con el doble de todo, terraza y vistas es más fácil. Cambiar de repente a un castillo medieval con 56 recámaras, establo y mini zoológico puede llevarte más tiempo para crearlo en tu

mente.

Es por eso que para hacer un cambio es tan importante conocer, explorar y familiarizarse con lo nuevo. Lógicamente si el destino tiene similitudes con el origen la resistencia en la adaptación, por lo general, es menor.

- Si modificas lo suficiente el conjunto mental, la renovación completa sucede de forma automática.

Las reglas expuestas son generales y a mí me ha ayudado mucho prestarles atención. Sin embargo, recuerda que todo es posible. A veces tu cuerpo y tu mente te impulsan a hacer algo que no puedes evitar. Así que, ten en cuenta las reglas para que puedas planificar tus acciones, pero también sigue tu intuición, el instinto que se manifieste en ti y tu entusiasmo.

> La forma final del carácter de una persona está en sus manos.
>
> *Anne Frank*

Tu universo mental

Como ya hemos presentado, tú creas todo tu universo en tu imaginación. Y cada quien crea y percibe el suyo propio. Obviamente tenemos muchas referencias similares, y a veces muy poca diferencia en la percepción de las cosas. De otra forma no podríamos comunicarnos ni interactuar.

Por eso, hay tantos universos como seres existen. Pero cada uno solamente puede percibir su propio mundo. Porque ese mundo depende, en última instancia, de lo que cada persona acepta como realidad profunda.

O sea, si deseas cambiar tu universo para crear y percibir cosas distintas, debes cambiar tu conjunto mental. Y si quieres hacerlo de forma acelerada y radical, debes actuar sobre tus creencias más profundas.

Creencias profundas

Recuerda que tu mundo material es la proyección de tu universo mental. Por eso dos personas con la misma educación y la misma trayectoria pueden ser muy diferentes.

Tu mundo interior no es más que tu mundo exterior expresado en cosas. Y si aceptas esa premisa, significa que si tu universo interior cambia, irremediablemente el exterior cambiará. Significa que a los pensamientos y las imágenes mentales a los que se les ha invertido atención y energía, se han convertido en detalles y elementos de tu mundo material.

Tus creencias más profundas se alojan en el subconsciente. Y si tú deseas un cambio importante y permanente es aquí donde debes hacerlo. Tienes que cambiar tus creencias a nivel subconsciente. Debes conseguir ser en tu subconsciente lo que deseas ser a nivel consciente.

¡Tú eres una mujer con alas, puedes hacerlo! De hecho ya lo has hecho antes. Hay otras mujeres que lo hacen cada día. Solo debes recordar lo poderosa que eres.

Si volvemos al ejemplo de la joven estudiante de medicina y le añadimos emoción, entusiasmo, alegría, optimismo, positividad, atención, concentración, y fe, tendremos la certeza absoluta de su éxito.

Tú puedes conseguirlo al igual que ella, haciendo consciente un proceso que has realizado toda tu vida: la reprogra-

mación mental.

La reprogramación mental

Las personas somos una mente, un alma, un espíritu en un cuerpo físico. Tu mente proyecta la realidad que disfrutas a través de sus tres niveles

Consciente

La mente consciente es la que vive y disfruta tu realidad, pero no la puede crear directamente. Es la que ve, la que tienes cuando estás despierta, la que usa las cosas materiales de este mundo.

Es la que te habla de objetividad. La que no cree en milagros. La que necesita que todo sea respaldado con hechos y pruebas. La que te susurra que debes mantener los pies en la tierra.

Es la que controla los sentidos porque esa es su forma de percibir esta realidad. Es **con la que siempre podrás medir**

lo que tus otras mentes son capaces de manifestar o producir para ti.

El papel del nivel consciente de la mente es el de vivir la vida. Porque aunque puede elegir lo que debe crearse, no puede manifestarlo.

Esto significa que con el nivel consciente de tu mente puedes **escoger lo que deseas, y disfrutar de lo que tienes.**

Subconsciente

El nivel subconsciente de tu mente puede crear y ver tu universo, de forma limitada. Es un nivel intermedio que no sufre ni goza tu realidad. Se limita a entender lo que es importante para ti y te lo da.

Es allí donde se guarda lo trascendental y notorio. El subconsciente no juzga, ni se ofende. No entiende de bromas, ni de sarcasmo. Solo registra lo que te impacta, lo que persiste en tu vida, lo que se repite.

El subconsciente es el nivel de la mente en el que estás aún despierta, pero tienes acceso a tu universo interior. Puedes

verlo por una rendija, una ventana o una gran puerta, en dependencia de lo entrenada que estés.

Puedes experimentar este nivel fácilmente cuando recién te despiertas , y mientras te estás quedando dormida.

Inconsciente

El nivel inconsciente de la mente crea el universo, pero no tiene libertad, ni autoridad para elegir lo que debe ser creado.

Es el conjunto de todos los universos, lo que se percibe y lo que es imperceptible a los sentidos. No puedes llegar al inconsciente despierta. Sólo el subconsciente puede acceder a él, para que le ayude a manifestar lo que tiene registrado. Lo que cree que para ti es importante.

El nivel inconsciente de la mente es hasta ahora desconocido. Al incluir todo lo que nos podamos imaginar. Todo lo que sabemos que existe. Todo lo que intuimos y sospechamos en todas sus dimensiones y variantes, se convierte en algo tan increíblemente grande y tendiente al infinito, que nuestra limitada mente consciente no consigue digerirlo.

Por eso se dice que todos somos un solo inconsciente. Una sola inteligencia. Una sola gran mente. Una suprema potencia, donde puedes encontrar todo lo que deseas y mucho más. Lo único que debes hacer, es asegurarte de que tu subconsciente lo sepa.

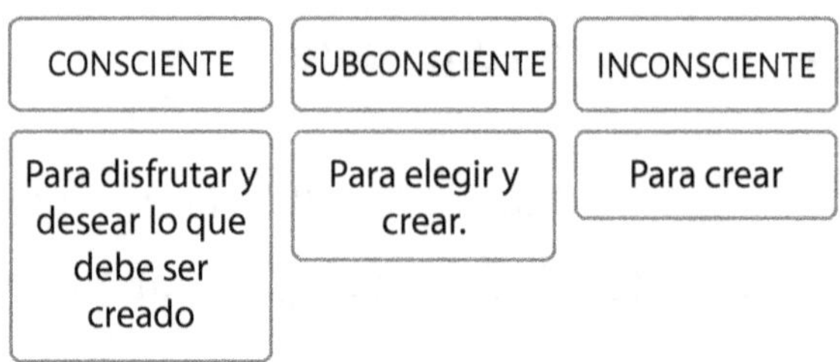

Ahora te estarás preguntando ¿Entonces por qué si yo deseo con todas mis fuerzas esta COSA, no la tengo?

El subconsciente siempre está de tu parte, constantemente te está dando lo que entiende que tú deseas. Todo lo que te rodea ha sido manifestado teniendo en cuenta tus creencias más profundas.

Lo que pasa es que a veces no hay entendimiento entre el consciente y el subconsciente. La definición o imagen de lo que quieres conseguir, no es la misma para ambos.

Por eso tus deseos y requerimientos deben ser claros, espe-

cíficos, y con la mayor cantidad de detalles posibles.

Porque no es lo mismo pensar en encontrar pareja, que imaginar ir de la mano con un hombre o mujer san@ mentalmente, amable, romántic@, de buen corazón, que cuida su físico, que es equilibrad@ en sus decisiones y te ama con locura.

Estás sonriendo ¿A que si?

Lo que quiero decir es que debes comunicarle a tu subconsciente con la mayor nitidez posible lo que de verdad quieres. Cuando lo sepa, sea lo que sea esto, sucederá.

10.3.   Piensa bien… ¡piensa bien y acertarás!

Este es un dicho popular extendido en España. Las personas lo usan en sentido negativo para justificar sus frustraciones. Sin embargo este tipo de pensamientos te hace entrar en un bucle negativo de retroalimentación que no es bueno para conseguir tus objetivos.

Está claro que el mal no se manifiesta por sí solo, o de forma espontánea. Si así fuera, tendríamos una ausencia total y

devastadora de bien.

Quiere decir entonces que el verbo-acción de pensar es decisivo para conseguir «acertar». Por tanto, no es el mal o el bien sino PENSAR, lo que hace que se manifieste una situación.

Hay que tener en cuenta que no pensamos en palabras. Pensamos en imágenes mentales, cuya descripción llevamos al lenguaje articulado, para facilitar la comunicación en un pequeño entorno.

Una misma palabra genera diferentes imágenes mentales para personas, que viven en el mismo pueblo, hablan el mismo idioma, son de la misma generación y son familia. Muchas de nosotras, especialmente las que hemos sido vendedoras o comerciales lo sabemos.

Los creadores de sistemas informáticos y digitales lo han entendido. Por eso describen y adornan sus softwares y aplicaciones, con iconos, emoticonos, señales y todo tipo de indicaciones gráficas.

Pues bien, las imágenes son el idioma del pensamiento, y por tanto el idioma del subconsciente. O sea, para comuni-

carte con él desde tu consciente debes hacerle llegar imágenes de lo que deseas.

Las imágenes mentales que el subconsciente adora son aquellas que generan emoción

Piensa en la persona que amas. Piensa en tu hijo y su abrazo, en tus padres, en tu niña pequeña. Piensa en amigos muy queridos, en tu linda mascota. Piensa en lo que más deseas en este mundo.

Cuando te asaltan estos pensamientos con emoción y el subconsciente lee esta imagen mental «cargada», una y otra vez, «entiende» que esa imagen mental es algo deseado y urgente. Establece un vínculo con el inconsciente para acelerar el proceso de creación y manifestación.

El subconsciente no sabe lo que está mal o lo que está bien. No puede distinguir la emoción por algo que se desea, de la que genera el miedo por la preocupación de que suceda algo que no se desea

Por eso cuando pienses en lo que quieres debes **mantenerte positiva**, **optimista**, **esperanzada**, **ilusionada.** Debes cargar esos pensamientos, con el **mejor de los mejores esce-**

narios para ti.

Cuando las personas se enamoran, las imágenes mentales son de felicidad. Concentran la energía en todo tipo de actividades que les permitan estar juntos y ser felices. Levitan en una nube emoción todo el rato. El resto de cosas pasa a segundo plano, y en consecuencia, se genera un éxito tras otro en una espiral de felicidad donde todo sale bien.

Como ves, la mente solo puede apoyar tus proyectos, no tiene más opción. A la pregunta ¿ por qué si yo deseo con todas mis fuerzas esta COSA no la tengo?

La respuesta es que debes mejorar el proceso de entendimiento entre tu consciente y tu subconsciente. Gestionar tu energía, concentrarte en tu interior y en lo que de verdad es importante para ti.

Ahora puedes trabajar en el fortalecimiento de tus alas con mejores argumentos de forma rápida. Ahora puedes hacer una creación consciente, sana, y responsable, atendiendo tu propio bienestar, el de tu familia y el resto de la humanidad.

10.4. La energía es ilimitada pero la que tú puedes manejar no.

La energía se define como la capacidad y fuerza para actuar física o mentalmente.

Todo se construye con energía, todo lo que existe es energía, tú eres energía. De modo que para crear el universo que quieres, para ser la mujer que deseas ser, necesitas energía transformadora.

La energía transformadora es la que se ofrece a cambio de la transformación que se desea obtener. Por ejemplo cuando en la mente de una joven surge el deseo de ser médico, el precio que tiene que pagar está claro para ella y su familia.

Ella sabe que debe invertir esfuerzo, tiempo en años, dinero, pensamientos, dedicación, concentración, creatividad, ideas, comprensión de la pericia de otros, visualizaciones e incluso sueños, para conseguir graduarse.

Cuando la joven estudiante se ha convertido en médico, es otra persona, su conjunto mental ha cambiado por completo, y para siempre.

Tú debes hacer lo mismo. Si quieres expandir tus alas debes imprimirles energía, **debes pagar tu propia transformación, porque no hay nada gratis.**

La buena noticia es que toda la energía que necesitas, está dentro de ti.

Aunque energéticamente el gran universo es ilimitado la capacidad que tienes de manejar la energía no lo es. Porque en tu mente te ves con las limitaciones de un cuerpo físico.

Así que técnicamente tú no puedes manejar más energía que la que ya tienes. Lo que si puedes hacer es dedicar una mayor cantidad a lo que realmente te importa. A lo que de verdad disfrutas.

Ganando energía para tus proyectos

La energía no se crea ni se destruye solo se transforma. Por lo tanto lo que puedes hacer es desarrollar tu capacidad para manejar tu propia energía. Debes aprender a gestionarla.

El secreto para mejorar tu capacidad energética está en redistribuir la energía que malgastas. Encuentra a continuación ejemplos en los que se malgasta energía. También for-

mas de aumentar tu energía para invertirla en lo que es importante para ti.

Ejemplos en los que se desperdicia energía
Si en tu opinión tienes sobre peso
Si estás enfadada, irritada, enfurecida o molesta
Si estás deprimida, bajo estrés o triste
Si te preocupa el futuro o te arrepientes del pasado
Si sientes miedo
Si cotilleas o chismeas, si estás pendiente de los demás
Si odias o guardas rencor, si estás dolida
Si te preocupa lo que los demás piensen o digan de ti
Si hablas sin pensar, o si explicas en demasía tu comportamiento
Si permites que alguien te ponga de mal humor
Si eres fanática, de cualquier cosa
Si discutes sobre trivialidades y tratas de convencer otros

Como seguramente habrás notado en la tabla anterior, malgastas energía siempre que tu atención se centra en cosas

que no te aportan ningún valor.

Por ejemplo: Toda esa energía que a veces dedicas en forma de atención durante horas, apoyo esperanzador, ánimos, incluso dinero a las personas que se han atrevido a luchar por su futuro en concursos de televisión y programas de cotilleo. Esa energía deberías guardarla para conseguir tus propios sueños. Para superar tus propios retos, si es que este es tu caso.

Mi aporte para ti en este apartado es:

Evita el trío vampiro ladronas de energía compuesto por: La postergación, la diversificación y la sobrecarga.

Se trata de escoger el mejor escenario para ti ante las siguientes alternativas:

Postergación ←——————— o ———————→ **Hacer las cosas ya**

Diversificación ←——————— o ———————→ **Concentración**

Sobrecarga ←——— o ———→ **Asumir según tu capacidad real**

Para que lo puedas analizar mejor, te invito a estudiar el siguiente ejercicio hipotético.

Ejercicio:

Gestión de la energía. Caso de estudio.

Imagina que tienes 1 000 000 de unidades de energía mental para tener todo lo que deseas. Y que en un día cualquiera tienes una entrevista en la que puedes conseguir **el trabajo de tus sueños**.

Para tener un desempeño impecable y alzarte con el triunfo necesitas 900 000 unidades de energía. Te sientes fuerte, confiada y capacitada para conseguirlo el día antes. Pero entre las 00:00 y las 2:00 de la madrugada descubres que el trabajo de tu hijo para la clase de ciencias no está terminado. Decides hacerlo tú para no afectar sus horas de sueño. Esto te hace consumir unas 10 000 unidades de energía.

No has dormido las horas necesarias. Te levantas más tarde, y te das cuenta de que no te da tiempo hacer deporte, si quieres llegar a la oficina con calma. En tu mente aparece el pensamiento «Otro día que no hago deporte» lo que te hace consumir 20 000 unidades de energía.

Cuando estás a punto de salir tu vecina te llama para recordarte que esa tarde es la reunión de la comunidad. Te comprometiste llevar una tarta, que olvidaste hacer, por atender el trabajo de ciencias de tu hijo.

Grabas en tu mente que después de salir de la oficina tienes que pasar a comprar una tarta en una pastelería. Te molesta tener que gastar más dinero y no poder hacerla con tus propias manos. Piensas para ti misma que no sabes para qué te comprometiste, si nadie te lo pidió. Esto te cuesta 25 000 unidades de energía.

Al llegar a la oficina te está esperando tu compañera, con dudas sobre su trabajo. Crees que no se esfuerza lo suficiente pero tienes que ayudarla porque en fin «son un equipo».

Solucionas sus problemas porque es más rápido hacerlo que enseñarla. No obstante registras en tu mente que en cuanto tengas un momento libre la enseñarás. Todo este proceso te cuesta 40 000 unidades de energía.

Cuando llegas a tu mesa de trabajo, además de los tantos correos electrónicos habituales, tienes un mensaje

de tu marido. En el te ruega que le hagas una presentación «con tu toque maravilloso» para un proyecto que él debe presentar en menos de 48 horas.

Te molesta profundamente que no haga este tipo de cosas por su cuenta. Bien podría contratar a alguien para hacerlo. Y lo peor es que no tiene en consideración, que es un día especial para ti.

Le respondes con enfado que ya verás si puedes hacerlo. Pero lo registras en tu mente para destinar un tiempo a ello, aunque te rondan muchos motivos por los que no deberías hacerlo. Esto te hace consumir 30 000 unidades de energía.

Al final llegas a tu añorada entrevista, antesala de tu sueño con 25 000 unidades de energía mental menos de las que necesitas para conseguirlo. Entonces no fluyen las cosas. No tienes el control de la situación. No consigues una victoria limpia y clara.

Necesitabas 900 000 unidades de energía y llegaste al momento clave de tu transformación con 875 000, poniendo en riesgo tus sueños.

Ejemplos en los que ganas energía:

Si estás en equilibrio, si estás en armonía: Por ejemplo tener orden en tu puesto de trabajo y/o en tu casa.

Si estás relajada

Si te alimentas sanamente

Si practicas la meditación u otras técnicas para conectar con tu yo interior

Si perdonas con facilidad

Si sonríes... mejor si te ríes a carcajadas, incluso sin motivo aparente.

Si consumes buena televisión, buenos libros, si escuchas a personas positivas e inspiradoras. Si te alimentas con la mejor cara de la vida

Si haces deporte cada día, aunque sea una rutina sencilla

Si duermes dos veces al día no más de 8 horas (En la noche y una siesta por ejemplo)

Si practicas el silencio

Si practicas el ayuno o aprendes a usar tu energía sexual

Por eso es importante que gestiones bien tu energía. Si haces las cosas ya, te concentras en lo que de verdad es importante y te priorizas para hacer lo que te compete, tu éxito

estará garantizado. Debes dejar que cada quien en tu entorno haga lo que es su responsabilidad. Las personas de tu entorno también tendrán éxito, aunque ahora no lo veas, porque crecerán mientras se hacen cargo de sus propias vidas. Tus relaciones serán enriquecedoras.

Por otra parte hay formas de aumentar tu energía. Son prácticas sencillas que te reconfortarán en tu día a día. En la tabla anterior te he dejado algunas que a mí me han ayudado, y que he incorporado en mi rutina diaria.

Ahora conoces la estructura de tus tres mentes y lo importa que es la energía para modificar tu conjunto mental. Estás lista para interiorizar el resto de los elementos de este paradigma.

10.5. La mente es mortal y lo sabe

Afortunadamente tu mente es mortal. Tu conjunto mental es mortal y tus creencias profundas son mortales. De otro modo vivirías en el absoluto tedio de la repetición de un día tras otro, sin avanzar, sin esperanza, sin cambio.

Cuando somos niñas tenemos un conjunto mental que normalmente favorece nuestro crecimiento. Por naturaleza es indiscutible que pasemos de niñas a adolescentes, de ahí a jóvenes y finalmente a mujeres adultas.

A medida que ganamos edad en un proceso natural se van incorporando nuevas ideas, conceptos, conocimientos, certezas, opiniones, juicios, principios y más. Estos hacen que parte de nuestro conjunto mental se vaya renovando. Al ser adultas, gran parte de nuestra mente niña ha desaparecido.

Cuando llegamos a ser adultas ya no está tan claro el crecimiento que debemos seguir.

En dependencia de nuestras creencias más profundas la mejor opción es casarse y formar una familia. Para muchas de nosotras lo normal es hacernos con una carrera profesional exitosa. O también nos planteamos hacernos cargo de nuestros padres u otras personas en nuestra familia.

Nadie nos ha dicho que en ese momento debemos enfocarnos en nuestro crecimiento interno. Afortunadamente esa opción cada vez está más clara.

Aunque la mente siempre te da lo mejor para ti, sabe que si

comienzas a incorporar nuevas y diferentes creencias que arraigan en tu subconsciente, poco a poco su integridad se verá seriamente amenazada. Parte de ella desaparecerá.

Es lo que provoca el *status quo*. El *status quo* es el estado actual de referencia en el que las personas se mantienen, hasta que algo más fuerte que ellas las empuja a cambiar. Con sus pequeños o grandes traumas, en la mayoría de las ocasiones.

¿Por qué cuando queremos expandir las alas, ser libres o volar más alto aparecen las personas a las que más queremos con argumentos sólidos que nos desaniman, que nos advierten de que no debemos emprender ese camino incierto?

Porque tu mente te sabotea siempre que quieres hacer algo nuevo. No importa que lo desconocido sea mejor. Ella quiere quedarse como está porque sencillamente no quiere morir. Por experiencia cree saber, que el estado conocido actual, es lo mejor para ti.

La mente siente un enorme placer cuando puede acurrucarse en la «Estabilidad». Especialmente porque a lo largo de nuestra vida hemos oído una y otra vez las mismas frases evocadoras para estar a salvo:

«Estudia una carrera para conseguir un trabajo estable»

«Cásate con un buen hombre que te de una vida estable y sin complicaciones»

«La vecina ha dejado su trabajo para dedicarse a sus hijos y que crezcan en un hogar estable»

«Invertir es arriesgado, un sueldo fijo es más estable»

Pero **las mujeres con alas crecemos, aprendemos y nos desarrollamos fuera de esa estabilidad.** Tenemos que lidiar con el cambio, la transformación y la auto superación. Eso hace que tengamos la obligación de educar a nuestra mente para que se acostumbre a su renovación de forma permanente.

Cuando de verdad quieres cambiar algo en tu vida puedes hacerlo poco a poco, siempre y cuando seas constante. Así generarás menos fricción en tu mente y esta se acostumbrará a la nueva situación casi sin darse cuenta.

Pero también puedes hacerlo de forma acelerada, educando a tu mente para que asuma una nueva forma de relación, un nuevo paradigma.

Una mujer que expande sus alas se enfrenta a sus retos cada

día con alegría. Trabajar en sí misma, es su forma de vivir la vida. Sabe que es responsable de todo lo que sucede y por tanto, todo es motivo de felicidad porque forma parte del camino a dónde quiere llegar. Esta filosofía le permite ver una oportunidad en cada suceso.

Gestiona su energía en favor de sus metas y ha establecido una relación tan nítida con su mente, que su subconsciente apoya todos sus proyectos con cero resistencia.

Llegado este punto ya te has dado cuenta, que con estos tres pilares puedes trabajar todas las plumas de poder del equilibrio rápidamente.

Fortalecer tu autoestima, mejorar tus relaciones personales, conseguir la libertad financiera y gestionar de forma óptima tus emociones será fácil y rápido con estos conocimientos. Además, podrás conseguir cualquier meta, o desarrollar cualquier proyecto que te propongas.

Ahora te preguntarás, ¿si, pero, cómo puedo poner en práctica todo esto, y cuáles podrían ser los pasos a seguir?

En el próximo capítulo encontrarás el procedimiento que yo realizo consciente y permanentemente para renovarme,

crecer y conseguir mis objetivos.

Para que lo puedas visualizar y sistematizar mejor, a continuación te describo el **ciclo del renacer del ave fénix para tu auto empoderamiento**.

> El fracaso es imposible.
>
> *Susan B. Anthony*

11

Ciclo del renacer del ave fénix para tu auto empoderamiento.

"Hemos planeado sobre lo increíble, volemos a lo imposible"

Ahora ambas sabemos que tú puedes conseguir TODO lo que deseas. Por supuesto también incrementar tu empoderamiento. Fortalecer las bases de tus plumas de poder y volar tan alto como tu imaginación te lo permita.

A veces las personas no quieren emocionarse o hacerse ilusiones por miedo a no lograr sus objetivos. Por no sufrir los efectos de tristeza y sufrimiento que provoca la decepción.

Pero cuando en tu interior sabes que lo que se manifiesta en tu mundo material, no es más que la respuesta de tu subconsciente. Que existe la posibilidad de cambiar la entrada

para ajustar el resultado. Todo lo que sucede es motivo de alegría porque **al fin tienes una forma infalible para hacer de tu vida lo que desees**.

En cualquier proceso informático, tecnológico o de manufactura, si conoces el proceso y puedes medir la salida es cuestión de modificar la entrada, para conseguir el resultado que quieres.

Sucede igual con todos los sistemas que, por ejemplo te puedes encontrar en tu hogar. La lavadora, el lavaplatos, el horno, la tostadora y cualquier otro electrodoméstico de tu cocina transforman una entrada durante un tiempo, para darte un resultado que tú deseas.

Incluso, puede que no sepas cómo funciona el proceso técnicamente. Para conseguir una carne asada crujiente, que la ropa quede con su color blanco original o unas tostadas doradas, solo necesitas unas instrucciones y que la entrada sea óptima.

En fin, asumiendo que el proceso no cambia, la clave está en

ser cuidadosa con la entrada. Y en medir de forma correcta los resultados.

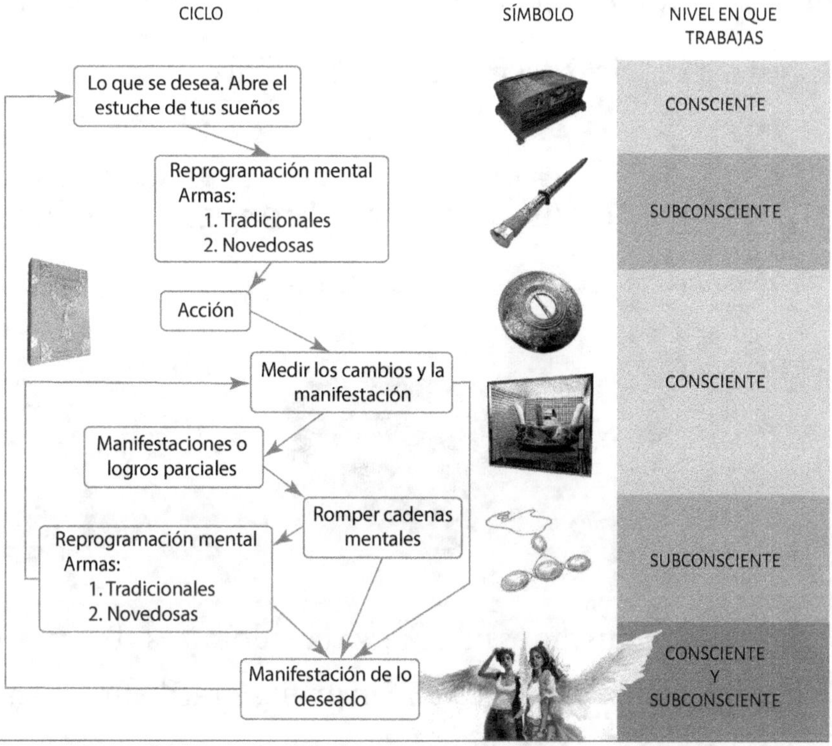

En el caso del proceso de creación y manifestación de la mente puedes medir la salida por lo que ya disfrutas. Tienes noción del proceso por todo lo que hemos visto anteriormente. Así que, lo fundamental que encontrarás en este capítulo es la forma de modificar las entradas.

Puede que te suene complejo pero es solo cuestión de tiempo, educación, nuevos hábitos y auto superación. Todo lo que necesitas para ponerlo en práctica está dentro de ti.

Esquema del ciclo del renacer del ave fénix.

11.1. Saber lo que se desea. Abre el estuche de tus sueños

El deseo en sí mismo es una fuerza creadora y es el elemento más importante de este ciclo. Sin un deseo ardiente, no hay logro, no hay objetivo cumplido, no hay meta retadora, no hay salto de crecimiento

Si no tienes la vida que deseas. Si sientes que tus plumas de poder están distorsionadas, débiles, dispersas o simplemente quieres hacer un cambio en favor de tu libertad, no intentes resolverlo todo al mismo tiempo. No intentes cre-

cer en todas las áreas y en todas direcciones. Para conseguir fortalecer tus alas de forma efectiva debes enfocarte en una sola cosa a la vez, al menos al inicio.

La clave está en la **concentración**, porque cuando deseas muchas cosas al mismo tiempo robas fuerza de deseo a la que de verdad te importa.

Ahora puedes volver a la frase que escribiste en tu Cocimientero. En el primer ejercicio al inicio de la lectura, donde has descrito la mujer que deseas ser.

Repasa las plumas de poder para decidir cuál de ellas es prioritaria para ti. Para decidir en cuál de ellas te interesa empezar a trabajar ya.

Es imprescindible que determines esa cosa específica que deseas fortalecer en la base de tus alas o dónde quieres conseguir tener un mayor empoderamiento. ¿Por dónde quieres empezar? ¡Abre el estuche de tus sueños! ¿Qué es lo que en verdad deseas?

¿Quererte más a ti misma?

¿Ser más positiva?

¿Mejorar la relación con los hombres?

¿Ganar más dinero?

¿Ser más seductora?

¿Tener una mayor seguridad en ti misma?

¿Relajarte con facilidad?

Esta parte es muy importante Debes decidir lo que deseas y luego aferrarte con todas tus fuerzas a esa idea y la imagen mental asociada a ella.

Por ejemplo, imagina que deseas tener seguridad en el trato con los hombres a nivel profesional. Entonces debes verte a ti misma en una reunión o una actividad con tus compañeros de trabajo interviniendo con calma, dando tus puntos de vista y oponiéndote de forma relajada a los planteamientos con los que no estás de acuerdo. Imagina que tus compañeros te prestan atención y tienen en cuenta tus ideas.

Imagínate la sala en la que estás, las personas que te rodean, dale importancia a tu imagen mental con todos los detalles posibles.

Aprende a concentrarte en esa imagen, y en tu deseo. Relaciona todo con él. Por ejemplo si te compras ropa nueva, piensa que es elegante como la que llevarás ese día. Pien-

sa que es un paso más para conseguir llegar a esa imagen mental.

Convierte tu deseo en una meta. Desmenuza sus componentes y escríbelos. Repasa las razones por las cuales te mereces eso que deseas. Llista todos los argumentos por los cuales obtener ese deseo te hará feliz a ti, a tu familia y al resto de la humanidad.

La mejor forma de alimentar un deseo es conocer lo que ese deseo significa. Porque no se puede desear lo que no se conoce. Así que si quieres conseguir algo debes desearlo, pero antes debes conocerlo por cualquier vía.

Debes buscar ejemplos de mujeres que tienen lo que tú quieres. Las que son lo que tú quieres ser. Por eso debes leer, viajar, buscar ejemplos inspiradores o incluirte en círculos de mujeres con tus mismos valores. Mujeres que hacen o han hecho, lo que tú quieres hacer. Y con toda esa información alimentas tu deseo.

Un deseo ardiente te genera gran entusiasmo. Te hace tomar decisiones en favor de lo que quieres.

Cuando decides algo diferente. Cuando te encaminas a una

experiencia nueva, precipitas un estado del ser, que se traduce en nuevos pensamientos, y nuevas sensaciones en tu cuerpo físico.

Estos pensamientos provocan emociones, que anuncian que lo que has creado va a manifestarse.

Todo lo que tienes depende del deseo, es como un imán que crea y atrae lo que quieres. Por eso debes convertirlo en una meta y luchar por él.

Debes, mimarlo, imprimirle entusiasmo, ilusión y sobre todo fuerza de voluntad. Debes conseguir una fijación a nivel subconsciente de la imagen mental que has asociado a tu deseo. Cuanto más fuerte sea esta fijación más rápido se producirá la manifestación.

11.2. Armas para tu reprogramación mental

Para fijar tu deseo, objetivo, meta, o imagen deseada en tu

mente puedes utilizar diferentes herramientas. El propósito de todas ellas es el mismo: lograr sentir la emoción correspondiente asociada a una imagen mental de lo que se desea, para impactar en tu mente subconsciente (vibraciones).

La emoción es un indicador de que se ha establecido la comunicación correcta y por tanto, que lo que se desea se manifestará muy pronto.

> "Usted no puede esperar construir un mundo mejor sin mejorar a las personas. Cada uno de nosotros debe trabajar para su propia mejora".
>
> *Marie Curie*

Armas tradicionales.

Entre las herramientas tradicionales seguramente están la mayoría de las que has puesto en práctica o de las que has oído hablar. A continuación te dejo algunas que a mí me han ayudado:

- Leer libros que te den poder: Los que te ayuden a en-

tender mejor tu mundo y te hagan crecer. Los que te den herramientas para transformar tu vida en el sentido que deseas.

- Establecer, leer, y escribir tus metas: Existen muchos métodos para establecer metas. En mi experiencia el mejor es el que te ayuda a generar imágenes mentales de tus logros, porque ese es el idioma de la mente. No hay ninguna palabra que se fije tanto en tu cerebro como una imagen.

- Realizar imaginación vívida: Se trata de verte realizando lo que deseas. Teniendo lo que añoras. Siendo quien quieres ser, con todos los detalles posibles, incluyendo con quién estás y en qué entorno.

- Realizar sesiones de meditación y concentración: Puedes tomarte un tiempo de 20 ó 30 minutos para calmar tu mente y luego introducir una imagen que te gustaría perpetuar. Lo más sencillo es desde una postura relajada sentada o acostada observar un punto a unos 45 grados hacia arriba, cerrar los ojos y concentrarte en la respiración. Puede que las primeras veces no lo consigas. Debes insistir porque solo con tu mente en calma

puedes comunicarte con el inconsciente, a través del subconsciente para conseguir lo que deseas.

- Definir y repetir tus propias afirmaciones: Una afirmación es como un conjuro. Siempre funciona. Lo hace de forma instantánea cuando la hechicera es una experta. También las afirmaciones son más efectivas cuando están vinculadas a imágenes mentales.

- Contratar y realizar sesiones con un Coach: Trabajar con alguien especializado que te guíe en el camino de conseguir tus objetivos, puede ser muy provechoso para ayudarte a crear hábitos y fortalecer tu fuerza de voluntad.

- Participar en sesiones de Yoga o Tai chi con profesionales: Para conectar con tu interior a nivel espiritual, a la vez que ejercitas tu cuerpo físico.

- Ambientar tu mundo con imágenes de lo que deseas: Usarlas en salvapantallas, marcos electrónicos, cuadros, en tu cartera, en el móvil o celular etc. Aunque no les prestes atención tu subconsciente si las ve.

Armas novedosas

Entre las armas novedosas están las menos conocidas, porque hasta hace muy poco, no han estado disponibles para la mayoría.

La reprogramación mental se consigue impactando en la mente subconsciente, y depositando allí, nuevos pensamientos, nuevas declaraciones, nuevas verdades. Para hacer este cambio de forma acelerada ahora se pueden utilizar prácticas que incorporan la **tecnología subliminal**.

Se trata de esquivar al censurador consciente, y llegar directamente al subconsciente con mensajes subliminales diseñados expresamente para provocar el cambio deseado.

Existe mucha literatura, ejemplos, patentes, y estudios sobre esta tecnología que puedes consultar. En el caso concreto de los audios subliminales silenciosos, se trata de coger un audio normal y elevar su frecuencia hasta un nivel que es prácticamente imperceptible por el oído físico humano. Aunque llega de forma muy clara al subconsciente.

La mayor ventaja es que no necesitas creer en ella para que produzca los resultados que deseas en ti. Es efectiva si la

usas, independientemente de si crees en ella o no, porque la mente subconsciente acepta como real aquello que le es repetido constante o profundamente.

Hoy en día existen audios con mensajes subliminales para mejorar la autoestima, las relaciones interpersonales, el control de las emociones, ganar dinero, tener un mayor control de los pensamientos, meditar profundamente, tener éxito y muchas otras temáticas específicas.

A continuación te presento algunas herramientas que puedes utilizar para tu reprogramación mental acelerada. Estase se encuadran dentro de la tecnología subliminal

Audios con mensajes subliminales

- Con tonos isocrónicos y sonidos relajantes: Son audios con los que puedes alcanzar estados profundos de relajación, mientras tu mente recepciona un conjunto de mensajes subliminales positivos sobre un tema específico, para ayudarte a alcanzar tus objetivos. Contienen sonidos relajantes y sirven para llevar al cerebro al estado alfa, que es un punto óptimo para la reprogramación mental. Incorporan mensajes específicos que van directamente al subconsciente, sin permitir

que el consciente juzgue o sabotee tu proceso de cambio.

Estos audios significarán un gran ahorro de tiempo y dedicación en el camino hacia tus metas

- Silenciosos: Inaudibles con mensajes específicos que puedes usar a cualquier hora, en cualquier lugar y todo el tiempo que desees mientras haces tus actividades cotidianas, incluso mientras duermes. No son escuchados por tu consciente pero tu subconsciente captará estos poderosos mensajes que te ayudarán a tener la vida que deseas.

- Audios Binaurales: Los sonidos binaurales son como latidos que operan en frecuencias específicas para estimular determinadas ondas cerebrales. Son muy beneficiosos para la relajación leve o profunda, y también para mejorar la concentración y la creatividad.

- Audios con Tecnología Vibracional Específica (TVE): Se utilizan para alcanzar estados mentales específicos, donde puedes reprogramar tu mente subconsciente de forma muy profunda y acelerada, para conseguir lo que desea.

- Videos subliminales: Esconden mensajes subliminales positivos en favor de tu deseo tanto en las imágenes como en el sonido. Son muy efectivos para la reprogramación mental porque hablan en el idioma de la mente. Después de un tiempo esta acepta esa comunicación como habitual o normal en tu vida, y sincroniza tu nueva realidad interior con la exterior.

- Softwares subliminales: Son programas que despliegan miles de afirmaciones, una tras otra en la pantalla del ordenador o computadora mientras trabajas o simplemente lo usas. Solo debes cargar las afirmaciones que quieres que tu subconsciente vea una y otra vez. Aunque a penas las distingues a simple vista, tu subconsciente si las capta y asimila.

Ahora sabes que hay armas: tecnologías, técnicas y herramientas que **pueden ayudarte a reprogramar tu mente subconsciente de una forma rápida y efectiva**. La decisión de usar las tradicionales, las novedosas o una combinación de ellas está en tus manos. Lo más importante es que ahora puedes escoger y ponerte manos a la obra, porque la información y el conocimiento está a tu alcance.

Madam C.J Walker, ha sido reconocida como la primera millonaria en Estados Unidos por su propio esfuerzo.

Construyó un imperio de cosmética, que empezó con un producto para hacer crecer el pelo, y un sistema de venta puerta a puerta.

Para conseguir su objetivo fue la cara de su propia marca, y aparecía en las etiquetas como ejemplo. Cuando su producto creció en popularidad y sola no podía realizar su venta, formó a otras mujeres, creando un negocio que llegó a emplear a más de 20 000 personas.

Pero su gran mérito fue el esfuerzo que realizó para reprogramar su mente de hija de esclavos, para convertirla en una mente millonaria.

Madam C.J Walker cambió su propia vida a base de obligar a su mente a cumplir sus metas. A golpe de energía y emoción transformadora.

Tanto las herramientas tradicionales como las novedosas llevan un componente de repetición y práctica que no debes menospreciar. Con estas repeticiones lograrás sentir la emoción correspondiente.

Cuando imaginas vívidamente, lees libros que te empoderan, meditas, redactas tus metas, escuchas audios subliminales o videos subliminales, sientes emoción, porque en cada paso te centras en la imagen mental de lo que deseas conseguir.

La emoción acelera la manifestación de la cosa deseada. Por eso debes sentirla. Si no lo consigues al principio debes repetir la visualización o la imagen en tu mente. Debes imaginarte sintiendo, haciendo, teniendo y siendo lo que deseas.

Hazlo todas las veces que puedas y al sentir la emoción tendrás confirmación plena de que lo creado se manifestará en el plano físico.

11.3.   A malos hábitos, buenas prácticas son vitales

Los hábitos son las rutinas que introduces en tu vida a fuerza de voluntad, para hacer más eficiente tu desempeño. Para conseguir mejores resultados.

Si quieres sacarle el mejor partido, tanto a las herramientas tradicionales como las novedosas, debes incorporar nuevos hábitos que te ayuden a conseguir tus objetivos.

El hábito más poderoso que puedes incorporar es dedicar un tiempo cada día a trabajar en ti misma, sin quitárselo a tu empleo actual. Debes extraer dos horas de otras actividades diariamente, para invertirlas en ti.

Como habrás notado tus resultados dependen de la constancia que tengas realizando los ejercicios y prácticas que tú escojas para tu rutina de desarrollo personal. Ese es el secreto.

Cumplir con tu empleo de la mejor forma posible te dará tu sustento. Con él pagarás tus gastos de hoy, tu supervivencia. Sin embargo, dedicar dos horas cada día a trabajar en ti misma, te dará todo lo que deseas: tus metas, tu crecimiento, tus sueños.

> "No deseo que las mujeres tengan poder sobre los hombres, sino sobre ellas mismas".
>
> *Mary Shally*

Debes invertir tu atención, tus valores, tu esfuerzo, tu energía y emociones en ti. Eso es lo que te hace crecer como persona, fortalecer tus alas, aumentar tu empoderamiento y ser la mujer que quieres ser.

11.4.   Acción en la dirección del deseo.

Cuando se me ha ocurrido algo un día y lo he implementado al siguiente, sin realizar una creación mental consciente, casi nunca he tenido éxito. Me ha costado corregir esa forma de implementar para convertirla en una ordenada, controlada y con método. Lo que me ha dado resultados más rápidos y sin sufrimiento.

En el ciclo del renacer del ave fénix tú harás una creación mental consciente primero. La encuadrarás en imágenes mentales y las fijarás con las herramientas propuestas en el epí-

grafe anterior. Esto ayudará a que cuando pases a la acción, tu conjunto mental esté alineado con tu meta.

En estas condiciones es que puedes pasar a la acción. Porque es la única forma de experimentar lo que ya está creado en tu mente.

Puede que te tome tiempo la creación mental. Pero la buena noticia es que la acción que realices luego estará en sintonía con tu deseo. Así que será emocionante, placentera, y alegre.

> No hay distancias cuando se tiene un motivo.
>
> *Jane Austen.*

No es algo que tienes que hacer. Es algo que has escogido hacer y que te llena de satisfacción. Lo harás con pasión. Poniendo toda tu energía. Sabiendo que tienes el poder. Un poder real con el que eres capaz de conseguir todo lo que te propongas.

Para pasar a la acción puedes hacer un plan sencillo o sofisticado. Lo más importante es que tenga un conjunto de acciones que te darán lo que deseas. Y que lo pongas en prác-

tica de inmediato. Ya mismo.

Si estás leyendo estas líneas es que hay algo que deseas hacer, tener o ser. ¡Empieza ahora, ponte en marcha!

- Si deseas cambiar de estilo ponte a buscar ideas en internet sobre lo que puede favorecerte.

- Si quieres perder peso busca imágenes de cómo te quieres ver. Busca deporte más apropiado para ti.

- Si quieres ganar más dinero empieza a educarte financieramente. Averigua cómo lo han hecho otras mujeres. Empieza por pequeños cursos de grandes maestros.

- Si quieres cambiar de casa, busca lo que hay en la zona donde quieres vivir. Visita algunas. Averigua tus posibilidades de financiación.

Recuerda que todo lo que sucede forma parte del proceso de creación. Debes insistir. Ser fiel a lo que deseas, y por tanto a ti misma. Esquiva los "NO" sin perder de vista tu meta.

La fórmula deseo + acción tiene un único resultado y es el éxito. Debes acompañar el uno con el otro para recuperarte, para crecer o para dejar una huella en la historia, si así lo

deseas.

Bertha Benz fue la primera mujer conductora que ha conocido la humanidad.

Una mujer que invirtió en su propia empresa, inventó una pastilla de freno para automóviles, y fue socia activa de su marido en los negocios. Un buen día, con todo el coraje, que ni sabía que tenía, cogió a dos de sus hijos, y emprendió un viaje en automóvil por la historia, dejando un rastro inmortal de inspiración.

Si bien es cierto que Bertha Benz tuvo un ojo inigualable para los negocios, la innovación y la publicidad, hay una cosa que ella, tú, yo tenemos en común: el coraje para ponernos en marcha. La fuerza para pasar a la acción.

Si quieres fortalecer la base de tus alas, desplegarlas y expandirlas hasta llegar a donde tú quieras, debes realizar acciones en favor de tus deseos, debes invertir tu energía en tus metas.

11.5.   Medir los cambios y la manifestación parcial o total.

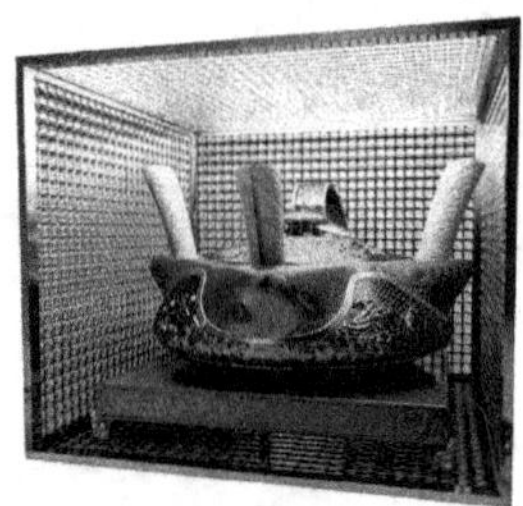

Toda medición es una fuente de información y conocimiento, cuyo objetivo debe ser mejorar.

En este caso hacer un análisis de lo que se está manifestando en tu vida te servirá para celebrar que has alcanzado tu meta. O para conseguir una entrada de mejor calidad, que a su vez mejorará tus resultados.

Después de un tiempo de estar haciendo prácticas, trabajando en tu nueva rutina y en ti misma por una meta concreta (ejemplo 60 días), puedes realizar una evaluación de lo que ha pasado.

Si ya se ha manifestado lo que deseabas, es momento de celebrar y hacer la fiesta del agradecimiento. Si no hay una manifestación completa de tu meta harás la fiesta igualmen-

te, tomando conciencia de todo lo que ha cambiado para ti. De las mejoras que notas. De lo bueno que se ha incorporado a tu vida. Es la hora de celebrar lo manifestado, reajustar y remontar.

Ejercicio:

La fiesta del agradecimiento.

Aunque este ejercicio está aquí porque resulta muy efectivo, esto puedes hacerlo en cualquier momento. Observa las cosas maravillosas y buenas que tienes, y has tenido en el pasado.

- Revisa tu meta o tu deseo escrito y su correspondiente imagen mental.

- Analiza las cosas nuevas buenas que se han derivado de la definición de esa meta en los últimos 60 días de trabajo en ti misma ¿qué has logrado?

- Escribe en tu cocimientero una lista de todas las cosas que hayas disfrutado. Las que has afianzado y las que te han sorprendido para bien. Escudriña los cambios que has notado en ti. Lo bueno que te ha gustado y escríbelo. Identifica las ca-

sualidades que se han presentado en el momento preciso para darte lo que necesitabas.

- Cierra los ojos y coge el primer elemento de la lista. Recréalo en tu mente. Cómo sucedió. Lo que te sorprendió. Lo que constituye un cambio bueno para ti.

- Con esas imágenes en la mente repite para tus adentros «doy gracias por esto y deseo recibir más de esto».

- A medida que avances con la lista más cosas buenas que se han presentado en esos 60 días aparecerán y podrás incorporarlas a la lista.

- También debes incorporar a esa lista las cosas que deseas y aún no se han manifestado. Debes incorporarlas a la fiesta del agradecimiento como si ya las tuvieras, porque no hay ningún deseo que se lance al universo y no sea cumplido

- Construye o rememora las imágenes mentales de felicidad relacionadas con esos buenos deseos para ti, tu familia y tu mundo. Mantenlas una a una

en tu mente y agradece por tener y disfrutar eso que hace más plena tu vida. Que te hace más libre, más feliz y que también te permitirá ayudar a otras personas.

Si tu primera meta se ha cumplido ya, sentirás como se apodera de todo tu ser un pico de confianza y fe sostenidos.

Canta, baila, juega, celebra, sola, con tus amigos, con la familia, incluso cuando ellos no sepan la razón real de tu alegría. Comparte hasta donde veas que puedes hacerlo, porque es maravilloso ver como tu felicidad contagia todo tu entorno.

Debes disfrutarlo al máximo, porque ya tienes una forma de vida reconfortante, positiva y llena de posibilidades para expresar el amor por tu universo.

11.6. Romper las cadenas mentales.

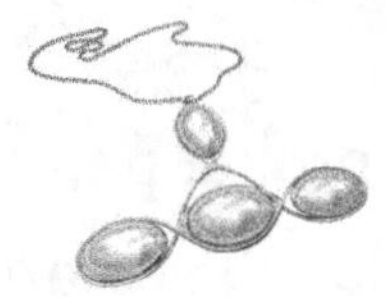

Las cadenas mentales son ataduras. Están formadas por eslabones que tienen una pequeña abertura que los hace flexibles. Sin embargo, no terminan de abrirse o romperse. Esto no favorece a que tú puedas ir rápido en tu vuelo hacia lo que deseas.

Cuando empiezas a trabajar en ti misma, enseguida notas un avance. Si este avance no es con la velocidad que te gustaría, es porque estos eslabones ceden. Se alargan por la fuerza y el trabajo que estás imprimiendo a tu desarrollo, pero continúan formando cadenas mentales que te siguen frenando. Como resultado, no termina de manifestarse tu meta.

Cuando un aguila se da cuenta que tiene espacio suficiente para volar, despliega sus alas y se lanza a la aventura. Es su primer instinto.

¿Qué sucede si tiene atada su pata a una cuerda elástica , que no la deja ir más allá de los primeros 10 metros?

Por la elasticidad de la cuerda y su propia fuerza quizás pueda conseguir un par de metros más. Pronto entenderá que el problema está en su propia pata, y se dará a la tarea de destrozar la raída cuerda para escapar.

Lo mismo sucede con las cadenas mentales que puedas tener. La buena noticia es que éstas nunca te detienen completamente, solamente ralentizan tu vuelo.

La noticia no tan buena es que, al contrario que la cuerda del ejemplo del águila, las cadenas mentales no son tan fáciles de ver.

Así pues. Cuando se trata de tu empoderamiento y el fortalecimiento de tus plumas de poder, tú debes levantar el vuelo primero. Dedes realizar tus prácticas con las armas tradicionales o novedosas con las que te sientas cómoda.

Si después de levantar el vuelo sientes que no vas todo lo rápido que deberías, entonces es la hora de destrozar algunas cadenas mentales invisibles.

Primero debes tener una noción de las situaciones donde puedes detectar la presencia de cadenas mentales, por su efecto visible. Estas son algunas:

- Si tienes picos de emoción cuando comienzas con un producto o práctica y otro pico de desesperación cuando no tienes resultados.

- Si tienes ansiedad, depresión o constante preocupa-

ción.

- Si sientes que nunca tienes el tiempo, el éxito y la libertad que deseas.

Seguidamente te dejo algunas prácticas en relación con cadenas mentales específicas y como resolverlas. Son las que a mí me han ayudado en mi propio crecimiento.

Por favor, recuerda que según el ciclo del renacer del ave fénix primero debes levantar el vuelo. Si no hay cadenas mentales que te detengan, puedes conseguir grandes cosas con el primer impulso.

- Debes permitirte el auto reconocimiento de tu éxito, de tu libertad y de tu valía: Si tú no reconoces en ti las cualidades que quieres tener nunca las tendrás. Debes ser coherente con tu mente a nivel consciente. Porque si tú eres todo tu universo, y no piensas bien de ti, nadie lo hará.

Los pensamientos deben ir acompañados de acciones físicas. Así que si deseas tener más dinero debes tener dinero en tu cartera. Si deseas reconocimiento debes auto reconocerte y premiarte con un helado, una fal-

da, un adorno o lo que te guste. Debes ocuparte de tu propio «Bien hecho» , de tu propio aplauso o tu propia palmadita en la espalda.

- Debes implantar en tu vida una filosofía con actitud de reciprocidad para con los demás a nivel de pensamiento, trato y pago: Para tu mente solo existes tú. Si no tratas bien a los demás, no piensas bien de ellos y no pagas bien por todo lo que consumes, tu mente hará lo mismo contigo. Debes desear lo mejor de lo mejor a los demás, y será lo mismo que tú tendrás.

- Debes eliminar la creencia de que el pasado determina lo que eres ahora. Ya sabes cómo cambiarlo. Si pones en práctica este ejercicio podrás explorar otros caminos hoy y alcanzar grandes logros de forma inmediata.

- Debes cobrar por lo que produces: Es necesario un equilibrio entre lo que das y lo que recibes. El pago puede ser dinero, gratitud, un gesto amable, notoriedad etcétera. Lo importante es que quien disfruta, usa, o se sirve de, debe pagar; y quien produce debe recibir. Define un precio para todo lo que produces y cóbralo. Asegúrate de hacer bien todo lo que haces, mantén un

proceso de mejora continua y da siempre lo mejor de ti.

Aunque no estés obteniendo todos los resultados que esperabas, sí podrás notar los cambios y avances que las nuevas prácticas y hábitos han provocado en ti.

Para avanzar más rápido debes destrozar las cadenas mentales. Debes fundirlas con constancia hasta que se rompan. Y una forma práctica de hacerlo es insistir en fijar tus nuevas creencias. Por eso te he recomendado que leas varias veces este libro. Siempre que lo hagas conseguirás una mayor comprensión de lo que te plantea. Conseguirás una mayor claridad en tus próximos pasos.

11.7. Desplegando tus alas. Manifestando lo deseado.

Cuando estás creando la realidad que deseas. Cuando tus pensamientos, tus emociones, tus palabras, tus acciones y todo tu conjunto mental está atado o relacionado en tu mente con ese deseo. Cuando todo está alineado con tus creencias más profundas, entonces empiezan a producirse las manifestaciones.

En determinado momento verás que tu mente comienza a articular «casualidades».

Recuerda que aunque el subconsciente te da lo que deseas sin juzgar, el consciente necesita pruebas, hechos y razones lógicas.

Así, puede pasar que de repente tu jefe te ponga al frente de un proyecto en el área en la que te has hecho experta en secreto. Justo cuando estabas deseosa de demostrar tu valía. La mente lo enfocará como una cadena de casualidades, aderezada con un poco de suerte, o con la creencia de que ese día llevabas el «vestido de las buenas noticias.

Esa es la forma de operar de la mente. Sin embargo, **lo que en verdad hace es esconder la «Causalidad» con la ilusión de la casualidad**.

La mente no quiere reconocer el poder que tú tienes. Quiere ser libre, como antes, pero no tiene más remedio que presentarte estas casualidades, confirmando lo más importante que debes saber de este proceso:

El **poder que tienes sobre tu universo personal,** es la verdadera causa de las **manifestaciones que disfrutas en tu plano físico**. Lo que construyes en tu interior, es la razón de lo que vives en el exterior.

A medida que se presentan las causalidades/ manifestaciones, y sus correspondientes celebraciones y agradecimientos, tu confianza crecerá.

Sentirás el poder que tienes sobre ti y tu universo. Verás como en tu vida sólo se presentan las personas y cosas que te agradan. Empiezas a disfrutar de una vida de riqueza en todos los sentidos.

12

Vive tu libertad, disfruta tu éxito.

Antes de terminar aquí te dejo una última reflexión. Espero te aporte inspiración mientras fortaleces y despliegas tus alas.

Si estás leyendo estas palabras es porque tú y yo vibramos en la misma frecuencia. Por nuestros valores, nuestros principios, porque queremos dejar una huella en la historia o hacer de nuestras vidas y nuestro mundo un lugar mejor.

Somos afines, aunque no nos conozcamos. Por eso sé que has abierto tu mente al crecimiento personal. Que sientes ese cosquilleo, esa excitación que te advierte que algo está cambiando dentro de ti. Algo que te llena de energía y te impulsa a actuar.

Ahora puedes crear la imagen más grande que puedas ima-

ginar de ti misma. Tienes la forma de desarrollarla con concentración, voluntad, constancia, nuevos hábitos y acciones en favor de tus deseos, metas y sueños.

Invierte tus valores de mujer con alas en desplegarlas al ritmo que tú misma decidas. Consigue lo que te propongas trabajando en ti, según tus propios criterios.

Estos son tus valores en favor del **Ciclo del renacer del ave fénix** que vives:

- **INSPIRACIÓN**: Buscando referencias de personas que han hecho **lo que tú quieres hacer**. Que son **lo que tú quieres ser**. Permitiendo que otr@s **se inspiren en ti**.

- **CORAJE**: Para tomar **decisiones**, tener **iniciativa** e incorporar nuevos **paradigmas**.

- **PERSEVERANCIA**: Con **constancia** en las prácticas.

- **IDENTIDAD**: Tomando **conciencia del poder** que tienes sobre tu propio universo.

- **FORTALEZA**: Para **enfocarte y concentrarte** en lo que de verdad es importante para ti.

- **INDEPENDENCIA**: Para mantenerte trabajando en tu **au-

to crecimiento y compartir con mujeres afines a tu **filosofía**, **principios y valores**.

¡Expande tus alas!

Cuando eres una mujer que expande sus alas puedes alcanzar todas las metas que te propones. Eres capaz de escoger y afrontar cualquier desafío en tu día a día.

Disfrutas plenamente de tu vida en un proceso natural y relajado. Tus plumas de poder tienen bases tan sólidas, que el tiempo en que eso no era así, te parece lejano y ajeno.

Te has convertido en una mujer empoderada bajo el único concepto de aquello que tú quieres. De tus principios esenciales. De lo que tú crees que es correcto.

Enfrentas tu viaje en este mundo desde una sólida autoestima. Con relaciones interpersonales enriquecedoras. Pendiente de tus saltos de crecimiento. Orgullosa de tu independencia económica. Con una excelente salud emocional. Y creando con el poder de tu mente todo lo que deseas, y consideras bueno para tu universo.

Eres una mujer libre, positiva, exitosa y feliz. Disfrutas todo lo que vives. Transformas los sueños con acciones. Tomas la iniciativa. Ayudas a otros a avanzar. Y practicas la sororidad aportando tu experiencia, para que otras mujeres fuertes como tú puedan superar sus propios retos.

Si ya eres esa mujer. ¡Te felicito! Hermoso será el día en que nuestros proyectos coincidan.

Si aún sientes que hay aspectos en los que quieres crecer. Esto es lo que puedes hacer:

Insiste, persiste, mantente trabajando por tus metas. Sé firme en tu decisión de cambio, hasta que tu mente entienda que lo nuevo siempre aporta grandes ventajas.

Lucha hasta que tú y ella se acostumbren a que el proceso de renovación y reprogramación es una constante. Una que te mantiene feliz, fresca, te permite crecer y siempre las llevará a ambas a un estadio mejor.

Cuando tú y tu mente subconsciente comprendan esto, **tu ciclo del renacer del ave fénix formará parte indisoluble de tu vida**. El cambio será tu nueva estabilidad. Podrás enfrentarlo siempre que así lo decidas, con el mínimo esfuerzo.

A donde decidas volar, tu mente se irá contigo sin rechistar.

Entonces te alzarás, rompiendo tus más sólidos límites.

A partir de ese momento, vivirás tus más ambiciosos sueños.

Y ahora... ¡Expande tus alas!

Mensaje de la autora

Aquí, ahora, un magnífico día del año de tu empoderamiento.

Querida mujer con alas:

Te doy las gracias por haber leído éste libro. Espero que haya aportado algo significativo para fortalecer la base de tus plumas de poder y expandirlas a plenitud.

Mi intención es enriquecer y actualizar este material para ti con el paso del tiempo. También deseo profundizar en lo que hemos descubierto juntas. Trabajaré en otros títulos que nos ayuden a mantener un vuelo poderoso, sin límites, y la vida feliz que soñamos.

En el **Club de la 2da Dimensión de Hydra** tenemos espacio para intercambiar inspiración, experiencias y reflexiones para nuestro propio crecimiento.

Si aún no formas parte del Club, te invito a descubrirlo aquí https://www.facebook.com/odmartbooks/ Si lo prefires, puedes escanear el código QR al final del libro.

Siempre que tengas una pregunta, consulta o aportación para compartir, puedes escribirme a:
odmartbooks@gmail.com
Estaré encantada de atenderte.

¡Te mereces cualquier cosa que desees!

¡Lograrás cualquier cosa por la que luches!

¡Nos vemos en el Club de la 2da Dimensión de Hydra!

Recibe un fuerte abrazo de mi parte

O. D. Mart.

Leyenda para expandir tus alas:

El **Estuche** de tus sueños y deseos

La **Aldama** flexible arma de transformación

Las **Raquets** para pasar a la acción

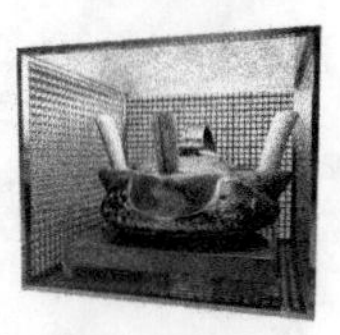

El **Candil** del conocimiento

El **Cocimientero** de tus compromisos

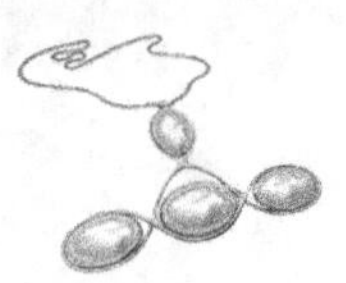

El **Colgante** de la fuerza de voluntad

Estos conocimientos, ejercicios y prácticas llegan a ti respaldados por lo más significativo que me han aportado: Napoleón Hill, Andreu Corentt, Robert Kiyosaki, Julián Betancourt, Felipe Chibás, Lourdes Sainz, Omar Trujillo, Carlos Devis, Wayne W. Dyer, Daniel Sévigny, Spenser Johson, La Incubadora Despegue, Jin Ballard, Mario Benedetti, Javier Galán, Luis Portela, Agostinho da Silva y muchos más que tintinean entre líneas.

FIN